Kontaktadresse nach EU-Produktsicherheitsverordnung:
produktsicherheit@fischerverlage.de

Von Mitte der achtziger Jahre bis zum Beginn des neuen Jahrtausends erlebten die Feuilletons der großen, überregionalen Zeitungen eine Blüte, für die es in der Geschichte der intellektuellen Medien kein Beipiel gibt. Damit hat es seit dem Einbruch der New Economy ein abruptes Ende. Der vorliegende Band stellt die Frage nach den Folgen. Wie groß ist der Schaden, mit dem zu rechnen ist? Wie wird sich die kulturelle und intellektuelle Öffentlichkeit verändern? Gibt es andere Medien, die Funktionen des Feuilletons übernehmen können? Hat sich das Feuilleton gar, verführt von seiner Größe, falsche Vorstellungen von der eigenen Bedeutung gemacht? Und schließlich: Was ist zu tun, damit der kritische Bestand des Feuilletons gesichert wird?

Thomas Steinfeld, 1954 geboren, ist leitender Redakteur im Feuilleton der »Süddeutschen Zeitung«.

www.fischerverlage.de
www.hochschule.fischerverlage.de

Was vom Tage bleibt

Das Feuilleton und die Zukunft
der kritischen Öffentlichkeit
in Deutschland

Herausgegeben
von Thomas Steinfeld

Fischer Taschenbuch Verlag

Die Tagung, die diesem Band zugrunde liegt, fand vom 18. bis 20. September 2003 in Halle an der Saale statt und wurde durch die

kulturstiftung des bundes

gefördert.

Die Nutzung unserer Werke für Text- und Data-Mining im Sinne von § 44b UrhG behalten wir uns explizit vor.

2. Auflage

Originalausgabe
© 2024 S. Fischer Verlag GmbH,
Hedderichstr. 114, 60596 Frankfurt am Main

Für diese Zusammenstellung:
© 2004 Fischer Taschenbuch Verlag
in der S. Fischer Verlag GmbH, Frankfurt am Main
Alle Rechte vorbehalten
Printed in Germany
ISBN 978-3-596-16329-8

Inhalt

Hortensia Völckers
Vorwort 9

Christina Weiss
Grußwort 11

I Einführungen

Thomas Steinfeld
Was vom Tage bleibt 19

Stephan Speicher
Das Feuilleton der Konferenz 25

Sibylle Lewitscharoff
Der Feuilletonist und das Volk 28

Martin Mosebach
Zwischenrufe eines notorischen Querulanten 31

Wolfram Schütte
Bangemachen gilt nicht 35

II Die Politisierung des Feuilletons

Eckhard Fuhr
Die Politisierung des Feuilletons
aus der Sicht eines politischen Redakteurs 43

Jens Jessen
Gibt es eine Krise des Feuilletons? 47

Ina Hartwig
Die politischen Debatten und ihr Publikum 54

Patrick Bahners
Apologie der Besserwisserei 59

Diskussion 64

III Das Feuilleton und das Pathos des Augenblicks

Heinz Bude
Was vom Tage blieb: Der Kairos eines Generationswechsels 71

Feridun Zaimoglu
Strategien der Exposition 76

Moritz Baßler
Augenblick und Archiv 79

Diskussion 84

IV Das Feuilleton und die Leser – das zynische Feuilleton

Lothar Müller
Kritik des Augenblicks 89

Johan Schloemann
Feuilleton, Reklame, Zielgruppe 95

Burkhard Müller
Der Verrat am Leser 100

Diskussion 105

V Feuilleton und Naturwissenschaften

Michael Hagner
Wer hat Angst vor den Naturwissenschaften in der Tageszeitung?   113

Rainer Erlinger
Wissenschaftskulturen jenseits der Institutionen 122

Dietmar Dath
Technologie, Technologietransfer, Technikkult 128

Diskussion 133

VI Das Feuilleton und seine Nachbarn, Beobachter und Konkurrenten

Thierry Chervel
Das deutsche Feuilleton ist kosmisch kompetent.
Warum sieht es aus der Perspektive des Internet so klein aus? . . . 141

Heinrich Detering
Literarisches Feuilleton und Literaturwissenschaft 145

Georg Klein
Literat und Feuilletonist 150

Diskussion 154

VII Feuilleton und Bildung

Andreas Blödorn und Daniela Langer
Feuilleton und Universität 161

Karen Werner, Alexander Friedrich, Jan Friedrich,
Nils Kasper und Johannes Schneider
Wie öffentlich ist das Feuilleton? 165

Jürgen Kaube
Die Lektüre der Hagenströms 170

Gustav Seibt
Gegenwart und Zukunft der Bildungsbürgerlichkeit 177

Diskussion 183

Die Teilnehmer 189

Vorwort

von Hortensia Völckers
Künstlerische Direktorin der Kulturstiftung des Bundes

Als die Kulturstiftung des Bundes vor knapp zwei Jahren mit Sitz in Halle an der Saale gegründet wurde, war dies eine bedeutsame kulturpolitische Entscheidung. Es war ein Signal des Bundes, der Kultur ein stärkeres Gewicht in der gesellschaftlichen Öffentlichkeit verleihen zu wollen. Die Kulturstiftung des Bundes nimmt diesen Auftrag als Mittlerin zwischen Kunst, Gesellschaft, Wissenschaft und Politik wahr, indem sie die kulturelle Dimension gesellschaftlicher Entwicklungen ins öffentliche Bewusstsein zu rücken versucht. Kultur ist auf Öffentlichkeit angewiesen, nicht nur in Gestalt des Publikums bei Veranstaltungen, sondern auch als Impulsgeber oder als kritischer Partner bei der Erschließung neuer Themenfelder.

Das Feuilleton hat seit den achtziger Jahren an Bedeutung gewonnen, seitdem es sich verstärkt gesellschaftspolitischen Themen zugewandt und sie auf ihr kulturelles Potenzial hin diskutiert hat. Für die Kulturstiftung des Bundes ist das Feuilleton nicht nur deshalb ein wichtiger Partner, weil es in seinem Rezensionsteil den von uns geförderten Projekten eine breite öffentliche Aufmerksamkeit verschafft, sondern auch deswegen weil sich das Feuilleton als verlässlicher Seismograph für Veränderungen im Gefüge von Kultur und Gesellschaft eine herausragende Stellung erworben hat.

Umgekehrt, und das freut uns, wird die Kulturstiftung des Bundes immer häufiger als Partner angesprochen, wenn es darum geht, eine Plattform für die Diskussion kulturell folgenreicher Entwicklungen oder Ereignisse zu finden. So ist auch die Idee für diese Tagung geboren worden. Als Thomas Steinfeld uns von der kritischen Situation der Feuilletons überregionaler Zeitungen berichtete, waren wir gern bereit, das Thema mit ihm gemeinsam anzugehen.

Die Tagung »Was vom Tage bleibt – Die Krise des Feuilletons und die Zukunft der kritischen Öffentlichkeit« unter Leitung von Thomas Steinfeld und seinen Mitstreitern Burkhard Müller, Heinrich Detering und Georg

Klein dient der Bestandsaufnahme der gegenwärtigen Situation des Feuilletons und soll Wege aus der Krise aufzeigen. Spannend erscheint mir die Frage, inwiefern die ökonomischen Bedingungen der Krise, die sich in der Reduzierung des Umfangs der Feuilletonseiten und der Verkleinerung der Redaktionen niederschlägt, sich auf die Inhalte und die Funktion des Feuilletons auswirken.

Wir gaben auf dieser Tagung den Experten, die gleichzeitig die Betroffenen sind, das Wort und den Raum, über die Frage nachzudenken, wie eine kritische Öffentlichkeit in den Medien unter den gegenwärtigen Bedingungen erhalten bleiben kann. Zahl und Reputation der Teilnehmer an dieser Tagung versprachen aufregende Debatten, die zu bemerkenswerten Ergebnissen führten.

Dem Leitungsteam und allen Organisatoren danke ich für ihr unermüdliches Engagement und den Teilnehmerinnen und Teilnehmern für ihr Kommen und ihre Beiträge zu diesem wichtigen Thema. Es bleibt zu hoffen, dass einige der hier gewonnenen Erkenntnisse künftig in der täglichen Arbeit der Beteiligten Berücksichtigung finden können.

Grußwort

von Christina Weiss
Staatsministerin für Kultur und Medien

Der Befund fällt eindeutig aus: Dem deutschen Feuilleton geht es nicht gut. Wenn dem nicht so wäre, würde diese Tagung nicht stattfinden, oder vielleicht doch? Jedenfalls sollte es nicht oder nicht vorrangig um die ökonomische Krise der Zeitungen im Allgemeinen, der Qualitätszeitungen im Besonderen und der Feuilletons als einem Fall für sich gehen. Denn ich sehe durchaus auch Positives, wenn ich die Entwicklung der Feuilletons in Deutschland seit meiner Studienzeit in den siebziger Jahren rekapituliere.

Ich sehe übrigens auch Positives im Vergleich etwa mit Italien oder Frankreich, wo es ein Feuilleton – trotz des französischen Ursprungs des Wortes – in der uns geläufigen Ausprägung nicht gibt. Dafür haben die feuilletonistischen Periodika wie etwa der »Nouvel Observateur« einen anderen, höheren Stellenwert als in Deutschland. In ihnen spielen sich Leitdebatten ab, nicht in den Feuilletons.

Die Veranstalter haben mich als Staatsministerin für Kultur und Medien eingeladen, sie hätten aber auch die Leserin einladen können, die wie Tausende andere den Tag mit einem Blick ins Feuilleton beginnt oder endet – je nachdem. Meist reicht es nur zu einem Streifen der Schlagzeilen. Zeitungen, wie ich sie erlebe, nehmen nicht mehr unbedingt den Nachrichtenkampf auf, den sie gegenüber den elektronischen Medien nicht gewinnen können. Man versucht stattdessen Hintergründe zu erhellen.

Wir sind gehalten, Feuilletons manchmal fast wie Bücher wahrzunehmen, weil wir die dreihundert Zeilen zu einem noch so brennenden Thema am Morgen unmöglich lesen können. Trotzdem ist es die Originalität, manchmal auch die Tiefe der Gedanken, die Präzision der Formulierung, die Nachhaltigkeit der Analyse, welche die Lektüre des Feuilletons zu einem Bedürfnis und oft auch einem intellektuellen Vergnügen jenseits beruflicher Verpflichtung macht, wie sie in meinem und vielen anderen Berufen geboten ist.

Dabei gilt dies – im Falle meiner Person – nicht flächendeckend, und das Lesevergnügen ist nicht immer ungetrübt. Gerade das Feuilleton verspielt gelegentlich Kredit, wenn Beiträge nicht auf den Punkt kommen, wenn sie zu weitschweifig sind und den Leser mit kryptischen Sätzen konfrontieren, die sein Zutrauen in das eigene intellektuelle Vermögen schwächen. Die Lesefreundlichkeit hat im deutschen Feuilleton nachgelassen oder wird zu häufig missachtet.

Dies wäre gewissermaßen mein erster Appell an die Teilnehmer dieser Tagung, die das deutsche Feuilleton in der Breite seiner Wirksamkeit und auf der Höhe seines Niveaus repräsentieren. Lesbarkeit bedeutet nicht Seichtheit, Klarheit der Analyse und Transparenz der Urteile und Wertungen nicht Oberflächlichkeit, das stellen gerade die nicht wenigen Feuilletonisten mit juristischer Ausbildung unter Beweis.

Mein zweiter Appell richtet sich eher an die Ressortleiter der Politik oder der Wirtschaft, an die Chefredakteure, die ich ermuntern möchte, mehr als ein-, zweimal im Jahr dem Feuilleton Zutritt auf der Titelseite zu gewähren, wo doch die Feuilletonisten quasi als Seiteneinsteiger Kluges, Bedenkenswertes und Weitsichtiges zu Ereignissen des politischen Geschehens beitragen können. In »El Pais« ist es nicht außergewöhnlich, dass die Gedanken eines Dichters in Leitartikelspalten auftauchen.

Es war doch der Quantensprung des deutschen Feuilletons in den letzten zehn, fünfzehn Jahren, dass diejenigen, die sich in der Welt der Künste und Wissenschaften auskannten, vor dem weiten Horizont ihrer kulturellen Kompetenz es wagten, über Bericht und Rezension hinaus Sondierungen in die Tiefe vorzunehmen. Überzeugendstes Beispiel der jüngsten Zeit war die Berichterstattung im Zusammenhang mit dem zweiten Irak-Krieg. Als das, was er auch oder was wirklich war, ist er vor allem im kulturellen Kontext analysiert worden.

Denn es sind die Feuilletonisten, die nicht nur zu logischen, sondern eben auch weiträumigen assoziativen Schlüssen fähig sind. Was legitimiert das Feuilleton zu derartigen Grenzüberschreitungen?

Ich meine: Die Fähigkeit zur Analyse vor dem Horizont der Geschichte, aber auch der lebensweltlichen Erfahrungen sowie die präzise Verwendung der Sprache jenseits abgegriffener Metaphern und Wendungen.

Mein dritter Appell zielt eigentlich auf die Erhaltung eines Status quo. Die wesentlichen intellektuellen Debatten des letzten Jahrzehnts sind weder im Fernsehen (dort schon gar nicht) noch in den Kulturprogrammen der Radiosender, noch in der Literatur, noch im Internet, sondern in den Feuilletons der großen überregionalen Tages- und Wochenzeitungen geführt worden.

Einige Beispiele hierfür – ohne Anspruch auf Vollständigkeit – sind der Historikerstreit, die Walser-Bubis-Debatte, die quälende Auseinandersetzung um das Holocaust-Denkmal, die Erörterung der sich in Konturen abzeichnenden Folgen von Gen- und Nanotechnologie, schließlich der Stellvertreterkrieg um die Verstrickung der Kunst in Zeiten kommunistischer Diktatur in Deutschland und anderwärts.

Immer stärker rücken nunmehr die drängendsten Probleme unseres Sozialstaats in den Blick der Feuilletons. Fast könnte man den Eindruck haben, erst die wirtschaftliche Krise der Zeitungen habe zur plötzlichen Aufmerksamkeit geführt.

Beinahe könnte man vermuten, dass jetzt, wo die Krise das Feuilleton selbst erfasst hat, die Redakteure ihre Sozialpunkte zusammenzählen und einige Blätter sich vor der eigenen Vergreisung grausen, eine Gesellschaftsdebatte ins Blatt drängt. Zwar haben sozialpolitische Themen die Künste nicht verdrängt, aber wenn man im Archiv eines großen Frankfurter Feuilletons recherchiert, erfährt man, dass die »Rente« im Vergleich zum »Theater« in den vergangenen vier Jahren doppelt so häufig vorkommt wie im gleichen Zeitraum zuvor. Zwar steht das Verhältnis zwischen »Rente« und »Theater« immer noch 180 : 4076, aber es gibt Bewegung.

Die brauchen wir dringend. Die Deutschen, so hat es ein polnischer Intellektueller neulich auf den Punkt gebracht, haben an Dynamik verloren, Debatten dauern immer länger, Kommissionen werden immer größer, Entscheidungen immer verwaschener. Heute sei es einfacher, in Polen einen Studiengang einzurichten als in Deutschland. Vielleicht, so denke ich, hat auch das Feuilleton an Dynamik verloren.

Die Feuilletons können diese – im wahrsten Sinne des Wortes – staatstragende Funktion weiterhin nur erfüllen, wenn ihre Spielräume nicht beschnitten werden: Jürgen Habermas hat im März diesen Jahres die intellektuelle Kompetenz des deutschen Feuilletons als »Rückgrat für die diskursive Innenausstattung einer freien politischen Meinungs- und Willensbildung« bezeichnet.

Aber sie ist mehr als das. Die schriftsprachliche, das heißt also im Wortsinne literarische Intellektualität und Kompetenz des Feuilleton-Journalismus mikroskopiert alle Bereiche sozialer, politischer und ästhetischer Realität und generiert zugleich Zusammenhänge, wo diese dem einzelnen Leser, dessen Leben hoch spezialisiert und fragmentiert ist, längst abhanden gekommen sind. Der Qualitätsjournalismus insgesamt ist nicht nur ein Eckpfeiler unserer pluralen Demokratie, er ist auch eine kulturelle Leistung, deren Sicherung – jenseits staatlicher Subventionen – nicht nur Anliegen, sondern auch Aufgabe der Politiker sein muss.

Dieser dritte Appell mündet in einen vierten an den Leser. Die Krise des Qualitätsjournalismus, das ist hinreichend dargelegt worden, ist im Wesentlichen wohl keine geistige, sondern eine ökonomische. Wirtschaftskrise und neue Kommunikationswege sind verantwortlich für die Einnahmeverluste im Anzeigengeschäft. Denjenigen Lesern aber, die das Verschwinden der Berliner Seiten der »Frankfurter Allgemeinen Zeitung« und der NRW-Beilage der »Süddeutschen Zeitung« beklagen, die im Rückzug aufs Kerngeschäft eine Musealisierung der Redaktionen sehen, die gar den Untergang des »Tagesspiegels« und vielleicht der »Welt« befürchten, seien auf die Relation von Qualität und Preis hingewiesen.

Erstere hat bekanntlich seinen letzteren, was bei Autos und Designermöbeln ohne weiteres anerkannt wird. Es wäre einigermaßen absurd, wenn zu viel Qualität die Qualitätszeitungen wirtschaftlich ruinierte. Der angemessene Preis aber – ohne die interne Quersubvention – läge um einiges höher als die derzeitigen Verkaufspreise der Qualitätszeitungen.

So wird sich der Leser, den wir uns durchweg als durchaus geneigt vorstellen dürfen, sich über kurz oder lang fragen müssen, was ihm seine Qualitätszeitung wert ist, wo er doch bei vielen anderen Kaufentscheidungen gerade hinsichtlich der Qualität häufig keine Kompromisse einzugehen bereit ist.

Vielleicht wäre es für diesen Prozess mentaler Veränderung hilfreich, wenn die Qualitätszeitungen, besonders auch deren Feuilletons, ein wenig unterhaltsamer, vor allem aber auch schneller würden. Ein Beispiel: Die Entwicklungen in der Wissenschaft haben neue Seitenkonzepte erzwungen. Anderenfalls hätte man nicht Schritt halten können.

Mein letzter Appell ist ein Vorschlag, den ich wohlwollend zu prüfen bitte. Das Feuilleton lebt von der Authentizität. Wenn ich heute die ganze Tragweite dessen verstehen will, was in München, Berlin oder Hamburg kulturell passiert, muss ich etwas über die Zustände, sagen wir, in Paris, Petersburg und New York, aber vielleicht auch in Hongkong, Kairo oder San Francisco erfahren. Die Recherche mag dem Journalisten durch das »world wide web« noch so erleichtert, die Informationsbeschaffung noch so sehr beschleunigt sein, der authentische Bericht eines Journalisten vor Ort ist durch nichts zu ersetzen. Am Korrespondentennetz aber sparen die Zeitungen unter dem Druck der Bilanzen zuallererst. Und ehe die politischen Korrespondenten abberufen werden, erhalten die Vertreter des Feuilletons ihren Rückruf in die Redaktionen.

Mir schwebt vor, hier mit Hilfe der finanziellen Potenz einer großen Stiftung oder eines Druck- und Verlagshauses ein Stipendium für jüngere, qualifizierte Journalisten zu schaffen, die durchaus in fester Stellung in einer Feuilletonredaktion arbeiten. Ihnen sollte für einen gewissen Zeitraum, vielleicht ein Jahr, ermöglicht werden, vor Ort für das Feuilleton zu berichten. Das Stipendium müsste die ja nicht eben geringen Mehrkosten für den Auslandsaufenthalt abdecken, welche die Zeitungen in vielen Fällen nicht mehr erwirtschaften können. Die Auswahl eines geeigneten und viel versprechenden Kandidaten wäre Sache einer Jury, man müsste überlegen, ob in einem Bewerbungs- oder Vorschlagsverfahren.

Die Sicherung eines hochwertigen Feuilletons, wie wir es in Deutschland im Augenblick haben, ist mir aus den genannten Gründen ein persönliches, aber auch ein politisches Anliegen.

Seine Erhaltung löst nicht alle Probleme, ist aber eine wichtige Voraussetzung für jene fortgesetzte Selbstreflexion, ohne die das Individuum den sich beschleunigenden Veränderungen unserer Lebens- und Wahrnehmungswelten schutzloser ausgeliefert wäre und ohne die unsere politische und gesellschaftliche Ordnung ein Stück weit gefährdeter wäre.

Und man vergesse hier die Künste nicht! Ich hoffe, die Tagung und ihre Dokumentation tragen dazu bei, dies nicht nur in selbstbespiegelnder Weise den Teilnehmern, sondern vor allem jener Öffentlichkeit, die das Feuilleton zu ihrer Reproduktion braucht und die von ihm profitiert, deutlich zu machen.

Die Offensive für den Qualitätsjournalismus muss im Feuilleton beginnen!

I Einführungen

Was vom Tage bleibt
Das Feuilleton und die Zukunft der kritischen Öffentlichkeit in Deutschland

von Thomas Steinfeld

Über mehr als zehn Jahre hinweg, von Mitte der achtziger Jahre bis zum Jahr 2001, erlebten die Feuilletons der großen überregionalen deutschsprachigen Zeitungen einen einzigartigen Boom. Anfang und Ende dieses Booms sind zeitlich genau zu definieren: Er beginnt mit dem Historikerstreit und endet mit dem Zusammenbruch der »New Economy«. Während dieser Periode waren die Feuilletons das Zentrum der kulturellen und intellektuellen Öffentlichkeit in den deutschsprachigen Ländern.

Die Gründe für diese Entwicklung lassen sich benennen. Da ist zunächst der geringer werdende Handlungsspielraum der nationalen Politik, bedingt nicht nur durch eine größere Abhängigkeit der Politik von der Wirtschaft, sondern auch durch die Entwicklung größerer, internationaler politischer Einheiten, allen voran die Europäische Union. Dieser Prozess hat zur Folge, dass politische, soziale und wirtschaftliche Auseinandersetzungen nicht mehr auf den Straßen, sondern in Debatten ausgetragen werden. Hinzu kommt der Bedeutungsverlust vor allem der Geisteswissenschaften für die Öffentlichkeit. In den achtziger Jahren ist die Demokratisierung der Universitäten wenigstens in den Geisteswissenschaften so weit vorangeschritten, dass alle Ansprüche auf Wahrheit und allgemeine Geltung dem Partikularismus wettbewerbsbewusster Schulen, Methoden und Ansätze gewichen sind. Für die beteiligten Disziplinen bedeutet diese Entwicklung, dass sie für die Öffentlichkeit ihren Status als Vermittler von Orientierungswissen verlieren und unter der Perspektive des Expertentums betrachtet werden.

Die großen Zeitungen kamen diesen Entwicklungen entgegen, da die Blätter zum einen – im Unterschied zu den audiovisuellen Medien – von vornherein unter einer technisch unvermeidlichen Verspätung operieren, die eine der Voraussetzungen für intellektuelles Arbeiten darstellt. Bedingt durch eine florierende Wirtschaft und steigende Anzeigenaufkommen, standen den Zeitungen zum anderen immer mehr Nettoseiten zur redaktionellen Bewirtschaftung zur Verfügung. Dabei ging die Aufteilung der klassischen Wirtschaftsteile in Wirtschaftspolitik und Finanzmarkt, nicht zuletzt aus technischen Gründen, mit der Umfangerweiterung der Feuilletons einher. Diese waren nun plötzlich in der Lage, neben der Erledigung ihrer Grundaufgaben, das heißt vor allem Rezensionen und Ereignisberichte aus allen Künsten, die Lage der Welt *en gros* und *en detail* zu verhandeln. Das zeitdiagnostische Raisonnement entwuchs der klassischen Spartenkritik und etablierte sich als eigenständiges, politik- und wissenschaftsnahes Genre, flankiert von den allseits neu eingerichteten Medienseiten.

Die Vergrößerung der Feuilletons entwickelte daraufhin eine eigene Dynamik: Die Feuilletons wurden zur wichtigsten Sphäre für die Konkurrenz der Zeitungen untereinander. Die Grenze zwischen den Feuilletons der großen überregionalen Tageszeitungen und den intellektuellen Zeitschriften wurde durchlässig, vor allem ging die Expansion der Tagesfeuilletons zu Lasten der vormals exklusiven Funktionen der Wochenzeitungen. Viele ihrer Genres wurden von den Feuilletons der großen Tageszeitungen übernommen, denn bei Umfängen bis zu zehn Seiten täglich war es ihnen leicht möglich, lange Essays, Reportagen und Erzählungen aufzunehmen. Die neue Bedeutung des Feuilletons spiegelte sich darüber hinaus in anderen Medien, die zum Spielpartner der Feuilletons wurden, Debatten weiterspannen, Anregungen aufnahmen und weitertrieben. Die »Harald-Schmidt-Show« oder auch die Sendungen von Roger Willemsen mögen die prägnantesten Beispiele eines Feuilletonismus in einem anderen Medium gewesen sein.

Auch der bemerkenswerte Aufschwung der deutschsprachigen Literatur in den neunziger Jahren ist ohne die vergrößerten Feuilletons kaum vorstellbar. Im stetigen Wechselspiel zwischen Verlagen und Zeitungen wurden sehr viele junge Schriftsteller zu ständigen Mitarbeitern der Feuilletons, und zwar vor allem in der literarischen Reportage. Wenn dieses Genre noch heute einen großen Teil der deutschsprachigen Literatur definiert, von Felicitas Hoppe bis zu Durs Grünbein, von Burkhard Spinnen bis zu Annette Pehnt, so liegt das vor allem an dem Forum, das durch das Feuilleton entstand.

Die Feuilletons reagierten, je weiter diese Entwicklung voranschritt, auf ihren Bedeutungsgewinn nicht nur, indem sie ihre genuinen Talente, das Reflexive, Distanzierte, Kommentierende entwickelten, sondern ihre Macht und Freiheit zunehmend nutzten, um selbst Themen zu setzen. Manch ein Blatt versuchte gar, mit den Mitteln eines gestischen, performativen Journalismus und mit einem extrem hohen Kapitaleinsatz eine Art von intellektueller Alleinherrschaft zu etablieren. Der Ehrgeiz vieler Feuilletons in dieser Zeit war, den Gegenstand, über den reflektiert werden sollte, selbst zu erfinden und dadurch allein über ihn zu herrschen. Diese Aktionen stießen auf zunehmenden Widerstand beim Publikum.

Mit all diesen Versuchen hat es ein abruptes Ende genommen: Die gegenwärtige ökonomische Krise der Zeitungen ist so gravierend, dass es Grund gibt, an ihrem Fortbestand in ihrer vertrauten Form zu zweifeln. Sollten die wirtschaftlichen Schwierigkeiten weiter anhalten, hätte dies vermutlich zur Folge, dass sich die einzelnen Zeitungen auf ihre eigentlichen, ursprünglichen Schwerpunkte zurückziehen würden: die wirtschaftliche und politische Sachkenntnis auf der einen, die regionale Berichterstattung auf der anderen Seite. Innerhalb von kürzester Zeit, innerhalb von weniger als zwei Jahren, hat die Krise der Zeitungen infolge eines zusammenbrechenden Anzeigenmarkts die Umfänge der großen Feuilletons um die Hälfte vermindert. Die Wochenendbeilagen, in denen man größere Essays und literarische Reportagen veröffentlichen konnte, sind verschwunden oder haben ihren Charakter völlig verändert, die kulturelle Berichterstattung aus ferneren Regionen oder von kleineren Ereignissen ist radikal reduziert worden. Und was gibt es, was an die Stelle der großen Feuilletons rücken könnte? Die Zeitschriften, die sie ersetzen könnten, sind marginalisiert, die audiovisuellen Medien können die Aufgaben aus konstitutionellen Gründen nicht ersetzen, die Universität ist nicht einmal mehr ein Ansprechpartner.

Was an dieser Krise ist Ökonomie, Folge eines Anzeigenmarktes, den zu besitzen vielleicht eine große Anmaßung der Zeitungen war? Und was an dieser Reduktion ist Geist, Konsequenz einer irrigen Vorstellung von Kultur, vom Denken, vom Veröffentlichen? Braucht man nicht, brauchte man vielleicht nie, was vorher so stolz publiziert wurde? Oder ist es anders, dass nämlich die Feuilletons ein privilegierter, allgemein zugänglicher, täglich präsenter Ort waren, an dem eine Gesellschaft über sich und die Welt nachdenken konnte – der einzige Ort dieser Art, der nach dem Verschwinden der Geisteswissenschaften im Expertenwissen übrig geblieben war. Und dass vom Niedergang des Feuilletons nicht nur das Stadttheater Bielefeld betroffen ist, das seine Aufführungen nicht mehr rezensiert bekommt, nicht nur die mittleren Verlage, deren mittlere Bücher nicht mehr besprochen werden, nicht nur die römischen Museen und finnischen Konzerte, zu denen keiner mehr zur Berichterstattung fliegen kann, weil das Geld für die Reise fehlt. Sondern dass auch ein Ort der intellektuellen Freiheit bedroht ist, dessen Verschwinden man nicht gleichgültig zusehen kann.

Der Aufschwung, den die Feuilletons der großen Zeitungen in den achtziger Jahren genommen hatten, war historisch beispiellos. Gewiss, ein zeitdiagnostisches, politisiertes Feuilleton gab es etwa seit dem Ersten Weltkrieg, doch stets nur als Teil eines anderen, vornehmlich rezensorischen Feuilletons, das durch die klassischen Ressorts definiert wurde, durch die Literatur, das Theater, die bildende Kunst, die Musik. Das änderte sich vor etwa zwanzig Jahren, und zwar radikal. Da, wo die politischen Ressorts die politische Analyse preisgaben, um teils investigativ, teils pragmatisch zu werden, übernahm das Feuilleton das Genre des großen, meist historisch ausholenden Kommentars. Und mehr: Das Feuilleton, lange Zeit nur der leichtfertige kleine Bruder der Wissenschaften, machte sich die fatale Krise der humanistischen Fächer an der Universität zunutze: Wo diese nur noch in schwachen Begriffen denken wollten, in den Kategorien von Postmoderne und Dekonstruktivismus, setzte das Feuilleton auf die starken Begriffe; auf Geschichte, auf Ethik, sogar auf Schicksal.

Die bis weit in die politische und wissenschaftliche Kultur hineinreichende Ausweitung des Feuilletons versprach, verstärkte Gegenwartswahrnehmung und Zukunftsorientierung zu bieten. Im Feuilleton artikulierte sich der schöne Schein des Bestrebens, aus partikularen Ansichten ein Anliegen der Öffentlichkeit zu machen. Bald gab es kein Ereignis mehr, das nicht einen feuilletonistischen Kommentar provozierte. Dahinter steckte eine ungeheure hermeneutische Energie. Getrennt von den politischen, sozialen und ökonomischen Ereignissen entstand eine eigene Welt, eine Welt voller entfesselter Philologen und Exegeten, entstand ein kurzlebiger, aber jeden Tag neu geschaffener Kanon von Vorstellungen, die sich ein mehr oder minder beschränkter Kreis von Engagierten vom Sinn nicht nur kultureller, sondern vor allem gesellschaftlicher Veranstaltungen machte. Ob es dafür ein Publikum gab, das nicht selbst aus dem Kulturbetrieb kam, also das Feuilleton als Fachblatt benutzte, war dabei nicht immer gewiss. Auf eine vertrackte Weise kehrte also in den großen Feuilletons ein Phänomen aus dem späten achtzehnten Jahrhundert zurück: dort die Welt der mehr oder minder historischen Ereignisse, hier das pausenlose Raisonnement, dort das Entscheiden, hier das Nachdenken – nur, dass es in der Wiederkehr des großen Raisonnements zuweilen ganz entschieden an den Voraussetzungen, und das heißt vor allem: an Bildung fehlte.

In der Haltlosigkeit dieser Dauerreflexion, im wüsten Raisonnieren über alles und jedes angesichts beinahe unerschöpflicher Ressourcen in Gestalt von Geld und Platz, hat das Feuilleton seine radikale Reduktion selbst vorbereitet. Am deutlichsten erkennbar ist die Beschädigung des Mediums durch ein Missverständnis seiner grundlegenden Funktionen in den drei Bereichen, in denen das Feuilleton in den neunziger Jahren am meisten neues Terrain gewann: im Verhältnis zur Technik und zu den Naturwissenschaften, im Verhältnis zum Pop und in der Selbstreflexion der Medien. So sinnvoll es war, die Naturwissenschaften zum Gegenstand der Reflexion zu machen, so schädlich war die Form, wie dies im Feuilleton geschah, nämlich in Gestalt von Prophetie und Propaganda. So selbstverständlich es ist, über die populäre Kultur nachzudenken, so katastrophal wirkt es, wenn das Feuilleton sich das Anliegen der populären Kultur aneignet, die Emphase des Augenblicks, das Pathos des Dabeiseins, der Kult der aufgehobenen Distanz. Und so bitter nötig es sein mag, sich bei Gelegenheit mit dem Funktionieren der Medien selbst auseinander zu setzen, so wahnhaft ist es, selbst eine Philologie des Mediums in Form von Medienseiten einzuführen und so der eigenen, angemaßten Bedeutung zu huldigen.

Rückblickend betrachtet, erscheinen die fünfzehn großen Jahre der großen deutschsprachigen Feuilletons als Ausnahme in ihrer Entwicklung. Wenn die Zeitungen in den vergangenen zwei, drei Jahren nicht nur zu den Umfängen, sondern auch zum Anzeigenaufkommen der späten achtziger oder frühen neunziger Jahren zurückkehren mussten, dann mag man dieses Schrumpfen durchaus für eine Rückkehr zur Normalität halten. Leider scheint es für eine solche Erkenntnis an Erfahrung zu fehlen. Die Zeitungsbranche, zumal im Feld der nun von den Anzeigeneinbrüchen betroffenen Tageszeitungen, ist eine relativ krisenunerfahrene Branche, vergleicht man sie etwa mit der Bauwirtschaft. Anders, als man erwarten könnte – weil doch ›geistnäher‹ –, reagiert sie auch nicht viel reflektierter auf die Krise als die Bauwirtschaft. Das hektische Krisenmanagement erfolgt betriebswirtschaftlich-pragmatisch, die konzeptionelle Definition und Selbstvergewisserung über das Produkt Tageszeitung wird bisher nicht systematisch betrieben.

*

Die Tagung »Was vom Tage bleibt«, die ich mit Hilfe von Heinrich Detering, Georg Klein und Burkhard Müller organisiert hatte und die im September 2003 mit Unterstützung der Bundeskulturstiftung in den Räumen der Franckeschen Stiftungen in Halle ausgerichtet wurde, hatte die Aufgabe, jene Lücke zwischen ökonomischer und publizistisch-strategischer Krise des Mediums überregionale Tageszeitung zu schließen. Der vorliegende Band enthält sämtliche Vorträge, die in Halle präsentiert worden sind, in teilweise leicht überarbeiteter Form. Hinzugekommen ist ein Text, den Wolfram Schütte, der nun pensionierte, langjährige Feuilletonchef der »Frankfurter Rundschau«, als unmittelbare Reaktion auf die Veranstaltung für das Internet-Magazin »Perlentaucher« schrieb. Der Band enthält auch Stimmen aus den Diskussionen – nicht die vollständigen Diskussionen, was den Rahmen dieser Publikation gesprengt hätte, aber doch die wichtigsten Einwände und Ergänzungen zu den jeweiligen Beiträgen. Verzichtet wurde auf die Wiedergabe von Kommentaren, die sich entweder der unmittelbaren Redesituation verdankten oder die sehr eng an die Tagesaktualität unmittelbar vor der Konferenz gebunden waren.

Zu danken ist zuerst Christina Weiss, der Staatsministerin für Kultur und Medien, die das Kolloquium mit einem wohlwollenden, aber skeptischen Grußwort eröffnete. Es hätte die Veranstaltung nicht ohne das Interesse gegeben, die Großzügigkeit und das Engagement von Hortensia Völckers und der Kulturstiftung des Bundes, namentlich von Lavinia Francke, Friederike Tappe-Hornbostel, Alexander Fahrenholz und Fokke Peters. Margarete Schwind, unterstützt von Andrea Diener, organisierte die Konferenz zuverlässig, präzise und unauffällig. Sie kümmerte sich auch um die Presse- und Öffentlichkeitsarbeit. Der »Perlentaucher« begleitete sie mit einer Dokumentation und einer Diskussion im Internet. Volker Breidecker schließlich richtete die Texte für den Druck ein. Ihnen allen sei gedankt.

Das Feuilleton der Konferenz

von Stephan Speicher

Als das Feuilleton sich über die Befassung mit den Künsten hinaus auf die bekannten neuen Gegenstände ausdehnte, war dies ein Akt der Befreiung. Wie jeder Akt der Befreiung war er unwillkommen. Andere Ressorts der Zeitungen, namentlich die Politik, reagierten verstimmt. Das Feuilleton, ohnedies verdächtig, wurde noch verdächtiger. Dabei hatte die Erweiterung des Berichtsfelds in die Geschichtspolitik – alles fing an oder beschleunigte sich doch gewaltig mit dem Historikerstreit – noch auf sicherem Boden begonnen. Historische, geschichts-, staats- oder rechtsphilosophische Kenntnisse stehen in einem guten Feuilleton zur Verfügung. So waren die großen Fragen der Wendezeit durchaus in den richtigen Händen: das Ende der sozialistischen Staaten und die Hinfälligkeit oder Fortgeltung sozialistischer Ideen, die Frage der deutschen Einheit, die Wiederkehr des Krieges 1990/91 am Golf. Ein Autor mit geisteswissenschaftlicher Bildung konnte dazu etwas Substanzielles sagen.

So ging es weiter. Wandel und Wechsel liebt, wer lebt. An dem Spiel sollte nicht gespart werden. Aber das Spiel erforderte Einsätze, über die der Feuilletonist irgendwann nicht mehr verfügte. Die Sache des Feuilletons liegt, wenn es solche Gegenstände behandelt, im Grundsätzlichen. Über Grundsatzfragen aber kann man nicht unbegrenzt lange reden. Daran liegt es, dass die Diskussion des ersten Krieges nach dem Ende der bipolaren Weltordnung lebendiger war als die der nachfolgenden Kriege. Die klassischen Zitate waren zitiert, der Clausewitz durchgeblättert, van Creveld interviewt und John Keegan zu teuer – was hatte das Feuilleton darüber hinaus beizutragen? Irgendwann muss es ins Detail gehen. Unter welchen Bedingungen die USA im Irak erfolgreich sein können? Darüber zu sprechen überfordert schnell die Kompetenz des Feuilletons (die der Politik allerdings auch oft genug). Gewiss können Orient- und Islamwissenschaften zum Gegenstand des Feuilletons werden, und das Feuilleton, das solche

Kompetenz früh und entschlossen nutzte, tat recht daran. Aber es war doch geliehene Kompetenz, nicht aus eigenen Reserven geschöpfte. In der Zwischenzeit aber hatte sich die große Konferenz schon an die Allzuständigkeit des Feuilletons gewöhnt. Was einmal Ärger gemacht hatte, wurde nun als willkommene Abrundung empfunden. Inzwischen gab es kein Ereignis mehr, zu dem das Feuilleton nicht auch noch etwas beisteuern sollte. Ob Jan Ullrich wieder schnell Rad fahren konnte, die Fußballweltmeisterschaft begann oder ein Kannibale in Hessen einen Neuköllner zum Frühstück aß, das Feuilleton musste ran, die Militärpolizei der Zeitung, die im rückwärtigen Gelände für Ordnung sorgte. Als Hans Dietrich Genscher zurücktrat – seit Bismarck hatte niemand so lange das Auswärtige Amt geführt –, war es dem Feuilleton der »Frankfurter Allgemeinen Zeitung« eine Glosse wert. Heute würde das Ereignis in jedem Feuilleton, das auf sich hält, den Aufmacherplatz beanspruchen; und alle irgend verfügbaren Kollegen müssten dazu Stellungnahmen der Prominenz zusammenschütteln.

Falsch wäre das vielleicht auch nicht. Überhaupt ist jede einzelne Anstrengung dieser Art berechtigt und lobenswert. Und selbst zum Irak-Konflikt kann einem gelegentlich etwas aufgehen, das ins Feuilleton gehört, weil es aus seinen Gegenständen, der Literatur, Geschichte, Theorie, abzuleiten ist. Erst in der Masse, mit der solche Beiträge in die Zeitungen gedrängt werden, liegt das Problem. Es ist das Problem der Zwanghaftigkeit. Der Zwang, der hier wirkt, kommt oft nicht mehr aus dem Feuilleton, sondern aus der großen Redaktionsrunde, und sein Grund ist das Desinteresse an den ästhetischen Gegenständen. Dieses Desinteresse verkleidet sich gern als Lesernähe: Mit dem Ende des Bildungsbürgertums müsse auch die Berichterstattung über dessen traditionelle Passionen, über Theater, Literatur, Film, Musik zurückgestellt werden.

Das mag plausibel klingen, ist aber falsch. Eine detaillierte Untersuchung, die die »Berliner Zeitung« über die Nutzung durch ihre Leser hat anfertigen lassen, ergab für das Feuilleton ermutigende Werte. Der Feuilleton-Aufmacher erreichte etwa 18 bis 20 Prozent des Publikums, das sind gut 100 000 Leser; dabei unterschied sich das gemessene Interesse für die freien, debattenhaften Beiträge nicht von dem für die rezensorischen. Selbst die Kritik eines Konzerts mit zeitgenössischer Musik, auf einer hinteren Seite platziert, hatte bis zur letzten Zeile noch sieben Prozent Leser, 35 000 Köpfe – und dies, ohne dass dem Gegenstand die besondere Berühmtheit einzelner Musiker zur Hilfe gekommen wäre. Die Leser sind es also derzeit nicht, die eine Zurückdrängung der Künste in der Berichterstattung erzwängen, es sind die Kollegen.

An zwei aufeinander folgenden Tagen mit einer Rezension aufzumachen, das sieht schon aus wie Dienst nach Vorschrift, ganz gleich, wie wichtig die Gegenstände sind und wie durchdacht die Rezensionen. Und richtig ist ja, dass die freien Stücke mehr Tatkraft und Einfallsreichtum verlangen. Deshalb gibt es auch den Wunsch, damit zu glänzen, ein Wunsch, der keinem Redakteur fremd ist und bei Ressortleitern endemisch, meines Wissens bei allen. Wenn da nicht die Zwanghaftigkeit wäre. Wer früher über den täglichen Klavierabend im Herkulessaal klagte, der hat es heute mit dem allgemeinen »Nachbemeinen« zu tun. Weil das so allgemein geworden ist, hat sich das, was einmal der größte Vorzug solchen Räsonierens war, die Freiheit und Unwillkommenheit, verwandelt in die erwartete Geläufigkeit. Die Fußball-Weltmeisterschaft oder auch nur Europameisterschaft beginnt? Das hat sich gleich, es wird noch einmal der Fußball als Vorschein der gesellschaftlichen Hoffnungen/Malaisen vorgeführt. Das Einzige, was daran wirklich erstaunt, ist die Hemmungslosigkeit, mit der ein fast dreißig Jahre altes Muster immer wieder aktiviert wird. Wie viel Routine steckt nicht inzwischen in den Originalitätsbemühungen und wie viel spürbare Unlust!

Der Feuilletonist und das Volk

von Sibylle Lewitscharoff

Vermutlich ist das Feuilleton besser, als es vor zwanzig, dreißig, vierzig Jahren war. Geändert hat sich das Volk, womöglich auch zu seinem Besseren.

Wie jeder weiß, ist das Volk eine Chimäre. Es existiert kein homogenes Volk der Deutschen. Aber das Volk wirft Bilder und Begriffe seiner selbst in die Luft, und der Feuilletonist schreibt in diese hinein.

Ein generalverdachthaftes, aber auch belehrendes Verhältnis zum Volk pflegten viele akademisch gebildete Leute, die zwischen 1960 und 1975 jung waren. Soziologen, Politologen und Medienkundler hatten das Volk definitorisch im Griff. Obwohl der Argwohn, dass solche Leute Gesindel seien, im Volk niemals schlief, wünschte es sich für seine Kinder eine akademische Ausbildung, wenn auch am liebsten eine, bei der ein Arzt, Rechtsanwalt oder Ingenieur herauskam. Es war die Hohe Zeit des zweiten Bildungsweges. Das Gefühl, kulturell etwas verpasst zu haben, von dem unsere Eltern direkt nach dem Krieg ergriffen waren, hatte einen Hunger ausgelöst, der sich noch auf ihre Kinder übertrug. Das erklärt, weshalb die so genannten 68er bei aller ideologischen Beschränktheit Leser waren und – hatte sich die Beschränktheit erst hinweggehoben – einen großen Theater- und Ausstellungsboom auslösten.

Kurzum: reichlich Futter für den Feuilletonisten. In den achtziger Jahren wusste plötzlich niemand mehr so recht, was mit dem Volk los war. Es begann, anderen europäischen Völkern immer ähnlicher zu werden.

Und dann gab es, wundersamerweise, noch einmal zwei klar umrissene Volkskörper. Der Feuilletonist bekam den Auftrag, Fühler, Zange, Pinzette, Horchapparat wechselweise an den großen und den kleinen Volkskörper zu legen. Vorübergehend wurde der Feuilletonist zum Arzt, Seelenkundler, Ingenieur und manchmal auch zum kleinen Staatsmann in Sachen Volk.

Ob vereint oder getrennt, was immer das Volk in den letzten Jahrzehnten von sich dachte, was immer auch von ihm gedacht wurde, die Schuld, die an ihm klebt, wurmisierte sich in Form von Verdachtsschüben und Entlastungsversuchen durch die Generationen. Dem Feuilletonisten ist in diesem Punkt bis heute die Rolle des Ablasshändlers geblieben. Zeitweilig steht sein Zeigefinger groß über dem Volk, er selbst womöglich ziemlich kleinlaut vor seiner Familie.

Bekanntlich ist die Last einer modernen Gesellschaft schwer zu ertragen. Das Schicksal ist klein geworden, es passt auf den Handteller des einzelnen Menschen. Das Volk ist gehalten – hier stellt sich die Frage: wer hält es dazu an? es selbst? –, für Gesundheit und Schönheit zu sorgen, Sport zu treiben, sich zum korrekten Zeitpunkt fortzupflanzen, zum korrekten Zeitpunkt zu sterben. Aber das Volk unterläuft solche Zumutungen. Wie ein Kind führt es sich auf, genauer gesagt: wie der berühmte polymorph perverse Säugling.

Auf dem Weg in die allgemeine Regression ist das Fernsehen der Gestaltgeber, eine Art Kindergarten für das Volk, das nicht mehr auf die Straße muss, um jemanden zu lynchen. Sein entzücktes Gebrabbel füllt die Kanäle. Es darf sich zeigen, wie es ihm behagt, darf brüllen, furzen, schlecken, stampfen, klatschen und in Turnhosen herumsitzen. »Wurr«, macht das Volk, lässt stellvertretend andere gesund sein, andere sporteln, lässt aus der Dose lachen, andere Völker Kinder kriegen, andere Völker sterben, steigt in den Schlafanzug und guckt sich die Sache auf dem Bildschirm an. Das Volk findet es in Ordnung, dass ein Drittel aller erwachsenen Männer Säuglingsköpfe auf Säuglingsnacken trägt und mit Patschhänden nach Knöpfen, Stäbchen, Plastikflaschen greift.

Der Feuilletonist tappt im Dunkeln. Führt das Volk eine Komödie auf? Kommen hier seine histrionischen Talente zum Zuge? Und wenn ja, für welchen Zuschauer setzt es sich in Szene? Dem Volk ist nicht mehr beizukommen. Jedenfalls nicht von Seiten des Feuilletonisten. Er ist in einer unbehaglichen Position. Er leidet an einem Zuviel an Subjekterfahrung. Tritt er als Spielverderber auf, hebt er die knöcherne Hand der Askese, wird er sich altbacken, gar altjüngferlich vorkommen und argwöhnen, er habe selbst einen Leib- oder Triebschaden. Das Volk, dieser glücksdurstige Wal, wälzt sich weg und will von solcher Kunst der Selbstachtung, wie der Feuilletonist sie predigt, will von seiner anstrengenden Auffassung des Glücks nichts wissen. Das Volk, den Kopf voller Bilder, gewöhnt an das Endlosversprechen der Musik, glaubt an das Anwachsen der Zeit, während der Feuilletonist ihm vorzuhalten sucht, dass seine Zeit knapp bemessen sei.

Der enttäuschte Feuilletonist zieht sich hinter die Wahnidee des Gestorbenseins zurück: die Höflichkeit ist gestorben, das Buch tot, der Geist tot. Der Feuilletonist liegt in einer Art trockenem Delirium und zählt die toten Seelen.

Der tapfere Feuilletonist mustert sein Volk mit Siegfriedaugen. Allein, dieses kennt für gewöhnlich nicht einmal seinen Namen.

Der kumpelhafte Feuilletonist rennt auf den Boulevard und begeht dieselbe Eselei wie die evangelische Kirche gegenüber ihrer entlaufenen Gemeinde.

Der kluge Feuilletonist behandelt das Volk mit Respekt und hält Distanz. Wenn ihm das Volk alltagsverbissen und trüb vorkommt, regt sich seine anarchische Seite, führt es sich allzu mutterhörig auf, mimt er den weisen Vater. Kurzum, er tut so, als liebe er sein Volk, wenn auch aus der Ferne.

Sollte das Volk jedoch insgeheim darauf warten, dass einer kommt, der ihm den Scheitel geradezieht, es aufstellt und auf irgendein bösartiges Bekenntnis schwören lässt, muss der Feuilletonist es warnen.

Zwischenrufe eines notorischen Querulanten

von Martin Mosebach

Eine Gestalt haben die Intellektuellen in schöner Einmütigkeit verachtet: den Bildungsbürger. Der Bildungsbürger hatte ein Konzert-, ein Opern- und ein Theaterabonnement, er besuchte Museen und Ausstellungen, er schickte seine Kinder aufs humanistische Gymnasium, lebte im Alltag zwar fern von den Weihen der höheren Kultur, suchte sie aber in seinen Mußestunden auf und fand Kultur wichtig. Und folglich war auch das Feuilleton wichtig. Dort war man Zaungast bei den faszinierenden Unterhaltungen jener Geister, die sich hauptamtlich und als Spezialisten mit der Kultur befassten, und staunte oft bei der Lektüre, »was so ein Mann nicht alles, alles denken kann«. Es zählt zu den eisernen Gesetzen der Weltgeschichte, die niemand jemals verändern wird, dass Kultur von denen bezahlt werden muss, die nichts von ihr haben. Dort, wo die, die von der Kultur nichts haben, sich erfolgreich weigern, die Kultur zu bezahlen, gibt es die Kultur nicht mehr. Bei dem Vorhaben, diejenigen, die von der Kultur nichts haben, dazu zu bringen, weiterhin die Kultur zu bezahlen, waren nach dem Ende der Monarchie die Bildungsbürger ein unentbehrliches Bindeglied. Und jetzt sehen wir verstört dem Augenblick entgegen, in dem es den verachteten Bildungsbürger nicht mehr geben wird. Die wohlhabenden Leute in Deutschland sind soeben dabei, das letzte Korsett, das sie lange noch getragen haben, abzulegen. Sie befreien sich von dem Druck, so tun zu müssen, als interessierten sie sich für die Kultur. Die Gymnasien trainieren den Schülern das Interesse an der Literatur ab; zur Kritik an der Universität muss hier nicht eigens ausgeholt werden. Die großen Pfeiler der Kultur, um die das Feuilleton frech oder besinnlich herumtanzen konnte, sind eingestürzt.

In dieser Lage gibt es reichlich Ratgeber, die den Zeitungen nahe legen wollen, den Stil ihrer Feuilletons zu ändern, und viele Zeitungen sind auch dabei, diesem Rat zu folgen: »benutzerfreundlich« zu werden, vom hohen Ross der Kultur herunterzusteigen, den Leser »dort abzuholen, wo er steht«

– tief unten mithin –, Service-Teile einzurichten und kleinteilige Lockerheit einzuführen. Um eine die Grenzen des Appetitlichen verletzende Erfahrung aus der Medizin hier einzuflechten: Wenn die Lockerung zu weit getrieben wird, kommt Durchfall dabei heraus. Das ist zum Teil auch schon eingetreten; die Lockerung, um bei dem zweideutigen Terminus zu bleiben, führt in die Selbstabschaffung des Feuilletons.

Ich möchte deshalb einen zweiten Weg propagieren, den man nach Marcel Prousts Romanheld die Swannsche Lösung nennen könnte. Swann denkt darüber nach, dass man jeden Tag die Gesellschaftsnachrichten in der Zeitung verschlingt, während der ledergebundene Pascal unberührt im Bücherregal steht. Es müsse eigentlich umgekehrt sein, findet er: In der Zeitung müsse man täglich die »Pensées« Pascals lesen, während die Gesellschaftsnachrichten, in Leder gebunden, die Neugier abweisend, im Regal zu stehen hätten. Die Swannsche Lösung hieße: das Niveau nicht senken, sondern deutlich anheben. Das Feuilleton könnte den wahnwitzigen Versuch unternehmen, die zusammengebrochenen Kulturinstitutionen, die es früher kommentierte, zu ersetzen, oder wenn nicht zu ersetzen, so doch die Erinnerung an eine schmerzhafte Lücke wach zu halten. Das wäre die Entfeuilletonisierung des Feuilletons. Die Zeiten sind ernst, das Feuilleton wird noch ernster. Das Getänzel hört auf, das Locken-auf-der-Glatze-Drehen, eine durchaus anmutige Beschäftigung, wird auf bessere Zeiten verschoben. Jetzt ist die Zeit, Autorität zurückzugewinnen: Schafft zwei, drei, viele Päpste! Im Ästhetischen lohnt es sich, alles auf eine Karte zu setzen. Wenn untergegangen werden muss, dann mit gesetzten Segeln und in voller Fahrt.

Das ökonomische Argument: Das Feuilleton ist zu teuer und bringt zu wenig Geld in die Kasse. Wenn Redakteure dieses beklagenswerte Faktum erwähnen, steht Schuldbewusstsein auf ihrem Gesicht. Zu fragen wäre da: Was hat man erwartet? Es gibt nicht eine einzige Zeitung, noch hat es sie gegeben, die die Mehrheit ihrer Leser wegen des Feuilletons kauft. Man kauft eine Zeitung wegen ihres Wirtschafts- oder ihres Sportteils, wegen der Politik oder des Lokalen, aber ganz zuletzt wegen des Feuilletons. Wenn heute Feuilletonredakteuren beleidigt vorgerechnet wird, dass sie zu viel Geld kosten, wird geflissentlich vergessen, dass sie immer zu viel Geld gekostet haben, jedenfalls deutlich mehr, als sie einbrachten. Ein Feuilleton ist eine Einrichtung, die Ansehen bringt, und ökonomische Schlauberger werden Ansehen auch irgendwie in Gewinn umzurechnen vermögen, was ich ihnen hiermit überlasse – entscheidend bleibt, dass das Feuilleton ein Luxus ist, als Luxus verstanden werden muss und seine Autorität daher bezieht, dass es als Luxus auftritt. Besessene Marktwirtschaftler schwärmen von Theatern, Universitäten und Bibliotheken, die sich selbst ohne Zuschüsse »tragen« – man kennt die wilden Phantastereien, die das Abzeichen der ökonomischen Mentalität sind. Der einzelne künstlerische Großverdiener ändert nichts daran, dass Kultur im Ganzen ein Zuschussgeschäft ist. Wer ein anspruchsvolles Feuilleton herausgibt, sollte Steuervergünstigungen erhalten wie ein Filmproduzent für einen Film mit Prädikat. Für jede Regierung müsste es verführerisch sein, sich vermittels Subventionen in der Hoffnung zu wiegen, das Feuilleton beeinflussen zu können, und für jede Redaktion wäre es ein Fest, solchen Einfluss fortwährend zu unterlaufen.

Spaß beiseite: Ein dünnes Feuilleton muss kein einflussloses Feuilleton sein. Als Friedrich Sieburg die Meinungen der deutschen Bürger beherrschte, hatte das Feuilleton der »Frankfurter Allgemeinen Zeitung« eine einzige Seite. Man sehe sich auch einmal eine Seite der »Augsburger Allgemeinen Zeitung« an, als Heine seine Briefe aus Paris schickte: Da gingen zwanzig heutige Buchseiten auf ein Blatt. Es ist vielleicht eine gute Gelegenheit, die Layouter und andere schmückende Künste zum Teufel zu jagen. Der komprimierte Charakter eines neuen Feuilletons im Zeichen neuer Armut – mit ganzen Unverschämtheiten und der Arroganz von soeben verarmtem Adel – könnte durch eng gedruckte Bleiwüsten nur gewinnen, die nur die Analphabeten abschrecken, die Afficionados aber verheißungsvoll anlocken, die in ihnen verborgene Quellen aufspüren.

Für das politische Feuilleton habe ich einen Herzenswunsch. In Deutschland herrschen andere literarische Traditionen als in Frankreich. Der deutsche Schriftsteller wird nicht als Repräsentant seines Landes empfunden, dem man zutraut, in der Stunde der Gefahr à la Camille Desmoulins auf den Kaffeehausstuhl zu steigen und zur erregten Menge zu sprechen. Wir haben in unserer Vergangenheit keinen Victor Hugo und keinen Emile Zola und wir sollten das nicht nur bedauern. Glanzlose und unbegabte politische Rhetorik ist ein bisschen weniger übelkeitserregend als wohltönende und prachtvolle: Wer Hugo sagt, muss auch Mitterrand sagen. Wenn man sich dennoch entscheidet, Dichter und Schriftsteller zu Krieg und Frieden, Vergangenheit und Zukunft des Volkes zu befragen, dann kann es nicht darum gehen, etwas anders formulierte Leitartikel oder Aufsätze, die hernach als

Grundlage des Gemeinschaftskundeunterrichts dienen können, zu erhalten. Das Machbare, das Vernünftige, das Vermittelbare, der Kompromiss, das alles sind keine Kategorien der Literatur, vielmehr das Undurchführbare, das Verrückte, das Empörende und das Radikale. Schriftstellern muss man erlauben, ihre selbst gewählte Verantwortungslosigkeit *in politicis* voll auszukosten. Gedanken, die sich Politiker verbieten müssen, sind die Trümpfe der Schriftsteller. Wenn sie den allgemeinen Konsens nicht herausfordern, dann braucht man sie um ihre politische Stellungnahme erst gar nicht zu bitten. Stattdessen scheint ein Typus von politischem Schriftstellerartikel gefragt zu sein, der unter dem Anschein von Freimut und Entrüstung die breiten Pfade entlangspaziert, die den Hauptstrom der öffentlichen Meinung säumen. Wagt jemand davon abzurücken, ist das Geschrei groß – nicht nur der lesenden Öffentlichkeit, sondern auch der Kollegen und Redakteure. Ich wünschte mir, dass eine Zeitung, die einen Schriftsteller zu einer politischen Stellungnahme aufgefordert hat, danach zu ihm steht und ihm in seiner ungeschützten Position Schutz gewährt. Nicht alles, was »gefährlich« klingt – ein Lieblingswort der intellektuellen politischen Auseinandersetzung –, muss gleich bis zur Unkenntlichkeit relativiert, verharmlost und integriert werden. Die politischen Realitäten des Westens sind derart kompliziert und derart unangreifbar in ihrer tausendfältigen Verwobenheit und Verquicktheit, dass man gelassen auf jene blicken darf, die sich mit ihnen nicht solidarisch fühlen. Immerhin eines könnten sie leisten: Sie könnten das Feuilleton interessanter machen.

Bangemachen gilt nicht

von Wolfram Schütte

Es geht, wenn ich das richtig sehe, um zwei Themen:
1. Um die Zukunft des durch den Boom des vergangenen Jahrzehnts umfangreicher und thematisch ausgreifender gewordenen Feuilletons in der überregionalen Presse. Und
2. um das Erscheinungsbild der derzeitigen Großfeuilletons, seiner Präferenzen und Wertungen.

1.

Steinfelds Beunruhigung über einen möglichen »Strukturwandel der Öffentlichkeit« in Hinblick auf das Feuilleton ist berechtigt. Aber der Strukturwandel betrifft die Tages- & Wochenzeitungen insgesamt und deren Qualitätsjournalismus im Besonderen. Die ökonomischen Basisfinanzierungen der Zeitungen durch Klein- & Großanzeigen sind künftig nicht mehr gesichert. So wie es war, wird es nie mehr sein – auch wenn sich »der Markt« wieder »erholt«.

Aber auch Auflage allein sichert keine Zukunft (für überregionale Qualitätszeitungen schon gar nicht), und bald wird der Zeitungsleser unendlich viel mehr dafür bezahlen müssen, seine Qualitätszeitung täglich oder wöchentlich in Händen halten zu können. Und wenn es dann erheblich teurer sein wird, einen besonderen Geschmack und intellektuellen Anspruch zu haben, der nicht massenkompatibel ist, wird sich zeigen, was an die Stelle des oft verhöhnten Bildungsbürgertums in unserer Gesellschaft getreten ist; und was dann vom Feuilleton noch übrig sein wird.

Noch ist die Zeit des Offenbarungseides nicht gekommen. Ihn zu verhindern, unternehmen die Qualitätszeitungen alle möglichen Anstrengungen. Um ihren Print-Inserenten ein möglichst großes und möglichst attraktives Käuferpublikum anzubieten, soll die Auflage nicht nur stabilisiert, sondern erhöht und als Zielgruppe ein möglichst junges, kaufkräftiges, modernes Publikum favorisiert werden, dem aber nicht nur die inserierten Waren, sondern auch die gedruckten Texte verlockende »Liebesblicke« zuwerfen sollen. Dies scheint umso dringlicher, weil die »Kulturtechnik« der Zeitungslektüre und der daraus gezogene individuelle Lustgewinn (schon gar mit dem Feuilleton) dramatisch im Schwinden begriffen ist und sowohl »Information« als auch »Unterhaltung« (eins im anderen) synergetisch & passiver durch den TV-Medienkonsum zu befriedigen ist. (Schließlich gehört heute, selbst für Sozialhilfeempfänger, das TV-Gerät zur Grundversorgung, nicht aber die Zeitung.)

Um mit diesem »Feind« konkurrieren zu können, im Kampf um Aufmerksamkeit bei den »Konsumenten« (von Lesern spricht schon kaum einer mehr, und wenn deren selbst ernannte Sprecher auftreten, verlangen sie »Leserfreundlichkeit«: als Konsumenten), versucht die Printpresse, ihm mit allen Mitteln ähnlich zu werden: »lesbarer«, besser: »überschaubarer«, nämlich mit erhöhtem Bild- und Farbanteil, bei gleichzeitiger Textreduktion qua Schriftvergrößerung und breiterem Zeilenabstand. Identifikation mit dem Angreifer, statt Distinktionsgewinn durch Differenz. »Dienstleistung« als »Service«, d. h. unmittelbarer Gebrauchswert der Textprodukte ist »da angesagt«, was nichts anderes bedeutet, als die lückenlose, konkurrenzwirtschaftliche Ökonomisierung der Printprodukte in jenem Bereich, der bislang davon weitgehend verschont geblieben war: den redaktionellen Arbeiten im Namen der bürgerlichen Öffentlichkeit, zu deren unzensierter Information und Meinungsbildung die Presse beitragen soll.

Folglich findet nicht nur ein verschärfter Konkurrenzkampf nach außen (unter den Tageszeitungen, aber auch mit Wochenzeitungen und Illustrierten!) statt, sondern erst recht innerhalb: Ressort gegen Ressort kämpft schon längst um die Wahrnehmung des imaginären Gesamtzeitungslesers, dessen Aufmerksamkeit man sich versichern will, indem ihm jede »Schwellenangst« genommen werden soll. Alles mühelos allen greifbar zu machen: Für dieses Ziel eines kapitalisierten »Kommunismus« hat Pasolini das Wort »Konsumismus« in Umlauf gesetzt.

Ich halte die Marketingidee vom Gesamtzeitungsleser (der für alles potenziell gleiches Interesse und eine verlängerte Verweildauer aufbringt, wenn man es ihm nur konsumierbar zurichtet), weder für fundamental falsch, noch denke ich, dass man – und zwar in jedem Bereich der Printmedien (ob Lokales, Wirtschaft, Sport etc.) – ohne einen Fundus von Grundkenntnissen, ohne kontinuierliche Teilhabe etwas Substanzielles verstehen kann. Das trifft naturgemäß auf das im Feuilleton Besprochene, Verhandelte & Kritisierte erst recht zu, weil seine Gegenstände nicht zu den unmittelbaren Lebens-Mitteln gehören. Insofern hat der Kollege, den Thierry Chervel mit der Bemerkung zitiert, er diskutiere nicht mit Leuten, die nicht regelmäßig das Feuilleton läsen, gar nicht den unausgesprochenen Vorwurf der Arroganz oder des Elitärismus verdient. Er fordert nur Kompetenz ein, sprich: Kenntnis des Stoffs, über den verhandelt und der kritisiert werden soll.

Steinfelds Befürchtung, das gegenwärtige Feuilleton werde im Krisenmanagement der Printbranche wieder nur als verzichtbarer Luxus für eine Minderheit angesehen und entweder radikal zurückgeschnitten oder »verbraucherfreundlich« umfunktioniert, ist also nicht aus der Luft gegriffen. »Feuilletonismus« war früher schon ein abfällig gebrauchtes Fremdwort im Sprachschatz der anderen Journalisten. Die Gefahr, sich heute und jetzt nicht offensiv als das zu behaupten, was man von jeher war – nämlich das eher tausch- als gebrauchswertige Surplus für eine qualifizierte Minderheit von Intellektuellen –, ist um so größer, als von den jüngeren Feuilletonisten der & das Intellektuelle in Verruf gebracht wurde und sie längst eher das bourgeoise Denken des kapitalistischen Wirtschaftens internalisiert haben, als in ihrem Bewusstsein noch das Selbstverständnis des diesem widerstreitenden Citoyens zu besitzen. Denn eher will man als Erster im Mainstream der Kulturindustrie mitschwimmen und auf dem Boulevard des Bunte- & Bild-Gossips auch sein Bein heben und seine Duftmarke setzen, als gegen den Strom und seine werblichen Windmaschinen für das von ihm Verdrängte, in ihm Marginalisierte Platz schaffen und den populistischen Schwachsinn des Augenblicks seiner Selbstverwertung am angestammten Schrottplatz überlassen. Womit ich beim zweiten Thema wäre: der Selbstdarstellung des Feuilletons.

2.

Der Boom, den Steinfeld mit dem Historikerstreit und dem Ende des bipolaren politischen Weltbilds nach 1989 beginnen und mit dem Zusammenbruch des Neuen Marktes enden lässt, hat es den überregionalen Feuilletons erlaubt, ihre angestammten Rezensionsfelder der klassischen Genres zu verlassen und neue zu betreten. Daraus wurde das Essay- und Debattenfeuilleton, das mit einem »erweiterten Kulturbegriff« Ernst machte, der allerdings schon längst in den avanciertesten Kultursendungen des Rundfunks (z. B. dem »Kritischen Tagebuch« des WDR) seit den siebziger Jahren an der Tagesordnung war. Freilich dort & damals mit einer entschieden kultur- & gesellschaftskritischen Tendenz.

Das Feuilleton der deutschen Qualitätspresse konnte aber nur in diese essayistische Richtung expandieren, weil Kultur als Reflexion der laufenden Ereignisse und der intellektuellen Sinnstiftung »in« war und von den herkömmlichen leitartikelnden politischen Kommentatoren deshalb als zunehmend dominierende Akzentsetzung in der »Neuen Unübersichtlichkeit« (Habermas) hingenommen wurde. In der politischen Redaktion war man mit seinem traditionellen Latein am Ende und konnte die rasante Medialisierung der Politik qua Entertainement & Populismus nicht mehr adäquat reflektieren. Dem schleichenden Verschwinden der bürgerlichen Öffentlichkeit im politischen und gesellschaftlichen Raum und dessen trivialisierter Fortsetzung in TV-Talkrunden setzte vor allem das FAZ-Feuilleton die Simulation intellektueller, räsonierender Öffentlichkeit qua Debattenfeuilleton entgegen. Andere folgten.

Mag, wie ich hörte und wie Gustav Seibt berichtete, der Historikerstreit mit Ernst Noltes revisionistischem Aufsatz eher beiläufig und ohne Spekulation auf seine Folgen begonnen haben, so hat man doch bald in der FAZ begriffen, dass man mit gezielt »Unkorrektem« Debatten initiieren kann, bei denen der Austausch der Argumente das Interesse auf das Feuilleton fokussieren würde. Die SZ versuchte solchen dominanten Akzentsetzungen *ex nihilo* mit einer Fülle von neben- & durcheinander laufenden Serien (»Verblasste Mythen« etc.) zu begegnen und damit ihre Leser an sich zu binden.

Es war der machiavellistische Impetus des Fest-Nachfolgers Frank Schirrmacher, der mit dem Gestus des Boulevard-Blattmachers, nämlich mit sensationalistisch inszenierten Aufmachungen Themen zu setzen, die »Seriosität« des Feuilletons aufbrach und gleichzeitig, indem er nationale und internationale Prominenz daran beteiligte, kampagnehaft alle anderen übertrumpfte. Er zwang damit den Rest der Feuilletons entweder zur nacheilenden Teilnahme an den thematischen Dominanzsetzungen der FAZ oder zu deren gezieltem Verschweigen. Der »extrem hohe Kapitaleinsatz«

(Steinfeld), mit dem diese feuilletonistische Hochrüstungspolitik Schirrmachers die weniger kapitalkräftige Konkurrenz demütigte und sie zugleich zu ähnlichen Kampagnen-Debatten animierte, ist gerade der FAZ heute nicht mehr möglich. Das hat mit ihrer radikalen Ausnüchterung die ökonomische Basiskrise der Printmedien getan. Sie erlaubt keine großen, teuren Sprünge mehr (aber wohl auch nicht die kapitalaufwendige Reportage-Recherche »vor Ort«, die in Halle gefordert wurde); und dass man solchen originalitätsgeilen Kampagnenfeuilletonismus mit »Bordmitteln« nur unzulänglich fortsetzen kann, hat Lothar Müller mit seltenem Mut zur kollektiven Selbsterkenntnis einbekannt. Der forcierte und inflationierte Debattenfeuilletonismus führte aber auch dazu, dass man sich in den Redaktionen um eine eigene akzentuierte Positionierung herumdrückte und der Eindruck entstehen konnte, ein Thema sei auf dem weiten Feld der Beliebigkeit zu Tode geritten worden.

Das Verlangen der Leser (wie auch noch mehr: der debattierten Sachen) nach einem stimmigen Standpunkt der Redaktion oder ihrer Autoren, ist legitim. Wenn die vier Hallenser Studenten, die zwei Artikel analysiert haben, zu dem Schluss kommen, deren Autoren seien »Zyniker«, haben sie Unrecht. Der eine vollführt einen Eiertanz, weil ihm als Filmkritiker zu dem Film, der ihm missfällt, nichts immanent Schlüssiges einfällt; der andere mobilisiert eine wüste Melange von unausgegorenen Vorurteilen, um gegen die Quotierung Stimmung zu machen. Stellung beziehen beide, wenn auch beide journalistisch am Thema gescheitert sind.

Für den Vorwurf eines grassierenden »Zynismus« taugen beide Artikel nicht. Was als »Zynismus« gemeint sein könnte, sind spieldominante stilistische Rochaden einer Feuilletonistengeneration, denen ein geistig-historisches Woher abhanden gekommen ist und ein gesellschaftlich-politisches Wohin nicht mehr vor Augen steht. Ob diese Generation überhaupt einen Begriff von ihrem gesellschaftlichen Standort hat, scheint mir fraglich, ihn wenigstens zu bestimmen, jedoch notwendig. Georg Kleins Beobachtung einer dem kommerziellen Erfolg nachhechelnden Literaturkritik belegt die Schwundstufe eines feuilletonistischen Selbstverständnisses, das in opportunistischer Ohnmacht gar nicht mehr auf den Gedanken kommt, sich gegen die Zumutungen des Betriebs souverän zur Wehr zu setzen und erkennbar mit ästhetischen Entscheidungen auch ethische zu treffen. »Nur keine Moral«, die über das eigene Selbst hinausweist, ist erst recht eine. Vielleicht ist aber die Zeit gekommen, dass wieder »die Wirklichkeit zum Gedanken« drängt; und wenn das, was gesellschaftspolitisch vor uns liegt und worin wir uns schon längst befinden, kein geistespolitisches Feuilleton provoziert, dann hätte, wer unter den Feuilletonisten darüber nicht den dekonstruktionistischen Verstand verlöre, wirklich keinen mehr zu verlieren

Der Rückzug aufs alte Rezensionsgeschäft wäre deshalb eine Kapitulation auf der ganzen Linie. Ernstlich will das auch niemand, wenngleich die kundige Kritik en detail so wichtig ist wie die subjektive Phantasie, die im Allgemeinen fischt. Zurecht sollen der Essayismus, die Glosse, die Betrachtung und die Polemik dominant bleiben – selbst wenn die vergangenen wie die künftigen Debatten oder Wortmeldungen im Feuilleton nur um die Lufthoheit über den Stammtischen mit der leitartikelnden Kollegenschaft gestritten haben oder streiten sollten. Denn ein Intellektueller (wenn er denn einer ist), der seine Kenntnisse, sein Wissen, seine Neugier und seine Imaginationskraft ins Spiel bringt – ja: auch ins Sprachspiel –, ist allemal subversiver und erhellender als das sachbedingte pragmatische kleine Einmaleins der politischen- oder der Wirtschaftsredaktion mit ihrem neoliberalen Gebetsmühlenjargon. Wem aber die Grundvoraussetzung des Feuilletons, (nach Karl Kraus' abfälligem Aphorismus) selbst noch »auf einer Glatze Locken drehen« zu können, anstößig, unseriös oder gar unverständlich ist, sollte seinen Fokus auf »Fakten, Fakten, Fakten« richten, wo er besser bedient wird.

Wenn aber die Frage gestellt wurde: »Auf welche Leser zielt das Feuilleton, das nicht einmal Akademiker verstehen?«, darf man vielleicht auch mal fragen, was das für Akademiker sind, die noch nicht einmal das aktuelle Feuilleton zu »verstehen« meinen?

»Die fast unlösbare Aufgabe besteht darin, weder von der Macht der anderen noch von der eigenen Ohnmacht sich dumm machen zu lassen«.

II Die Politisierung des Feuilletons

Die Politisierung des Feuilletons aus der Sicht eines politischen Redakteurs

von Eckhard Fuhr

Ich soll, so steht es im Programm, über die Politisierung des Feuilletons aus der Sicht eines politischen Redakteurs sprechen. Nun bin ich seit einigen Jahren Feuilleton-Redakteur und nicht mehr politischer Redakteur. Sicher, ein politischer Feuilletonist, ein feuilletonistischer Politiker war ich eigentlich immer. Aber glauben Sie bitte nicht, dass ich das politische Feuilleton für die Königsdisziplin des Feuilletons halte und das politisierte Feuilleton für die höchste Form dieses journalistischen Ressorts.

Ich möchte über drei Punkte sprechen:
1. Das politische Feuilleton als historisches Phänomen, als abgeschlossene Epoche der Mediengeschichte,
2. Die Feuilletonisierung der Politik,
3. Perspektiven des Feuilletons.

1. Das Politische Feuilleton

Die Ära des politischen Feuilletons begann mit dem Historikerstreit, also Mitte der achtziger Jahre. Sie endete mit dem Abschluss der Debatte über das Holocaust-Mahnmal, mit dem Umzug der Hauptstadtinstitutionen nach Berlin und mit der Jahrtausendwende. Das politische Feuilleton lässt sich formal und inhaltlich recht klar beschreiben.

Formal, nach den Strukturmerkmalen des Genres und nach seiner Funktion in der Öffentlichkeit, bedeutet politisches Feuilleton, dass die Kulturteile der überregionalen Tageszeitungen, allen voran das Feuilleton der »Frankfurter Allgemeinen Zeitung«, zur Hauptbühne der nationalen Selbstverständigungsdebatten der achtziger und neunziger Jahre wurden. Dort trafen literarisch-künstlerische, politische und akademisch-wissenschaftliche Intelligenz zusammen und bestimmten die Themen und den Gang der Debatten. Intellektuelle Subkulturen wurden marginalisiert, und umgekehrt wanderten Autoren von den subkulturellen Rändern ins Zentrum der Debatte. Kulturzeitschriften, die in bestimmten politisch-intellektuellen Milieus verankert sind, verloren an Bedeutung. Das politische Feuilleton der Tageszeitungen war ein Primärmedium, kein reagierendes Medium. Es setzte die Themen selbst und war nicht mehr darauf angewiesen, Anstöße aus den Künsten und der Literatur zu kommentieren oder auch nur zu multiplizieren. Das Feuilleton wurde so zum Akteur und eigentlichen Motor der Debatte.

Zum Inhaltlichen, zur Politik des politischen Feuilletons: Betrachten wir kurz den Historikerstreit. In dieser Auseinandersetzung war die Linke – also Habermas, Wehler, Winkler usw. – die Partei des postnationalen bundesrepublikanischen Status quo, während die Rechte gegen den zu sich selbst findenden westdeutschen Teilstaat eine rückwärts gewandte nationale Utopie aufrechterhielt, einen Vorbehalt gegen die Gegenwart. Mit anderen Worten: Das politische Feuilleton beginnt mit dem Tod der linken Fundamentalopposition gegen die BRD. Das Paradoxe ist, dass so unter dem postnationalen Etikett – Verwestlichung, Europäisierung, Internationalisierung als Konsequenzen aus dem von Deutschen verschuldeten Zivilisationsbruch – eine neue nationale Identität gestiftet wurde, die sich, trotz aller Irritationen in den Wendejahren, als ziemlich belastbar erwies und den Übergang von der Bonner zur Berliner Republik ohne allzu große Erschütterungen möglich machte. Man kann also durchaus auch im Sinne der politischen Bewusstseinsbildung von einem Bogen sprechen, der von der späten Bundesrepublik der achtziger Jahre bis zur neuen Normalität der Berliner Republik reicht. Und das politische Feuilleton war das Hauptmedium dieser neuen deutschen Selbstfindung.

2. Die Feuilletonisierung der Politik

Ich sprach eben von der Auflösung intellektueller Milieus. Das ist nur ein kleiner Ausschnitt aus einem fundamentalen gesellschaftlichen Wandel. Die sozialmoralischen, konfessionellen, politischen und kulturellen Milieus insgesamt lösen sich auf. Die seit hundert Jahren gültige politische Kleiderordnung gilt nicht mehr. Verbände und Parteien verlieren an Bindekraft, der politische Wettkampf wird »amerikanischer«. Die politischen Parteien mit ihren Ortsvereinen, Landesverbänden und Bundesparteitagen haben die

Macht des »Agenda-Setting« verloren, sie müssen sie zumindest teilen, vor allem mit den Massenmedien. Das Innenleben der Parteien wird immer unwichtiger, die mediale Inszenierung von Politik immer wichtiger. Klassische politische Journalisten meinen immer noch, sie müssten hinter den Kulissen nach der eigentlichen Wahrheit suchen und bei den Granden der Apparate um mehr oder weniger große Brocken vom angeblichen Herrschaftswissen buhlen. Das Entscheidende aber ist, was auf, nicht was hinter der Bühne gespielt wird.

Die beiden Hauptprotagonisten der gegenwärtigen deutschen Politik, der Kanzler und die Oppositionsführerin, sind nicht durch die Partei-Ochsentour und verborgene Seilschaften, sondern durch ein virtuoses Spiel mit der öffentlichen Meinung, eine hochprofessionelle Theatralik und ein feines Gespür für gesellschaftliche Strömungen und Stimmungen an die Macht gekommen – für Strömungen und Stimmungen, die sich nicht umstandslos in die ausgetretenen Wege der Parteiendemokratie leiten lassen und von der Politik erst verstanden und benannt werden müssen. »Feuilletonisierung der Politik« meint also ein Zweifaches: Erstens, die mediale Inszenierung ist das Entscheidende; und zweitens, gerade wegen der Auflösung der traditionellen politischen Formationen ist der Bedarf an moralischen und historischen Diskursen groß, der Bedarf also an Erklärung und Erzählung. Dem Feuilleton als Fachressort für Inszenierung und für Hüter des kollektiven Gedächtnisses kommt damit so etwas wie eine Generalkompetenz zu.

Dies aber äußert sich nicht etwa in einer Stärkung des Feuilletons als Leitressort, sondern in der Übernahme feuilletonistischer Methoden und Schreibweisen in anderen Ressorts. Die Feuilletons haben in den letzten drei, vier Jahren an Profil verloren. Im schlimmsten Falle sind sie zu politisierenden Feuilletons geworden, in denen der Tag mit dem fürchterlichen Satz beginnt: »Da müssen wir auch was dazu haben.« Ich denke da zum Beispiel an die sozialpolitischen Beiträge im Leitfeuilleton der Republik. Das politisierende Feuilleton, der politische Leitartikel als Feuilletonaufmacher, ist die Schrumpfform des politischen Feuilletons und ganz und gar verzichtbar.

3. Perspektiven des Feuilletons

Politik im Feuilleton wird es natürlich auch weiterhin geben, weil die Künste mal mehr, mal weniger politisch sind, weil Künstler politische Zeitgenossen sind, die sich in den Feuilletons äußern, weil Kulturpolitik trotz schrumpfender Ressourcen ein immer wichtiger werdendes Feld der Politik ist. Die Zeit der inszenierten Großdebatten ist aber offensichtlich vorbei. Die letzten Versuche, wie der mit ziemlich fragwürdigen Mitteln angezettelte Antisemitismusstreit um Martin Walser oder die Debatte um die Macht der Frauen haben nicht weit getragen. Ich selbst, wenn ich einmal subjektiv sein darf, reagiere auf das Wort »Debatte« inzwischen allergisch, mit Schweißausbrüchen und Fluchtreflexen.

Mich interessiert es nicht, dass Feuilletonisten auch eine politische Meinung haben. Mich interessiert, was Kunst und Literatur zu den öffentlichen Dingen, zu den Auseinandersetzungen in Staat und Gesellschaft beizutragen haben. Das Feuilleton lebt entscheidend davon, Kunst- und Literaturgeschichte präsent zu halten und Vorgänge der politischen Gegenwart darin zu spiegeln. Das Gespräch über die journalistischen Formen, in denen das zu machen ist, ist für die Zukunft des Feuilletons wichtiger als das Herstellen leitartikelgerechter Einsatzbereitschaft. Vielleicht klingt es zu pathetisch, wenn ich sage, die Aufgabe des Feuilletons sei die Förderung und Verteidigung von Lebenskunst, von Geschichtsbewusstsein, von Stil- und Sprachgefühl. Damit ist übrigens nicht das alte bildungsbürgerliche Programm gemeint, auf dem wir nicht mehr aufbauen können. Ich habe nichts dagegen, populär, auch einmal deftig oder grell zu sein. Auf jeden Fall aber sollte das Feuilleton ein Ort sein, an dem man vor der schnöden Abwatscherei und dem neoliberalen Stumpfsinn, die im deutschen Journalismus grassieren, einigermaßen sicher ist. Wir brauchen das Feuilleton nicht neu zu erfinden. Wir müssen nur neu schätzen lernen, was das Feuilleton jenseits und neben aller Debattenherrlichkeit immer war oder sein wollte. Der Kultur-Teil eben. Das Ressort also, in dem unsere wichtigste Ressource gepflegt wird.

Gibt es eine Krise des Feuilletons?

von Jens Jessen

I.

Medien sollen in erster Linie über ihre Gegenstände nachdenken und nicht über sich selbst. Medien, die sich selbst reflektieren, sind entweder in einer Phase maßlosen Hochmuts (wie das Fernsehen, das in Talkshows nur mehr die eigenen Stars vorkommen lässt) oder in einer Phase des Niedergangs, in der ihnen das eigene Leben schon historisch wird.

Das heißt: Man soll nicht alles auf sich selbst beziehen. Eine Wirtschaftskrise ist noch keine Feuilletonkrise. Aus dem Umstand, dass die Anzeigenerlöse sinken und damit auch die Bereitschaft der Verlage, für ihre Feuilletons Geld auszugeben, folgt noch nicht die Pflicht der Feuilletonisten, sich zu zerknirschen, als hätten sie etwa die Rezession verursacht.

II.

Auch eine Akzeptanzkrise kultureller Gegenstände, wie wir sie gegenwärtig erleben, ist noch keine Feuilletonkrise. Aus dem Umstand, dass der Respekt vor der Hochkultur sinkt oder auch nur die Zugangskenntnisse schwinden, die für ihr Verständnis nötig sind, folgt noch nicht, dass die Feuilletonisten Unrecht taten, als sie sich mit der Hochkultur beschäftigten. So zu denken, hieße den Aberglauben an den Markt auf die Kultur zu übertragen und den Feuilletonisten als eine Art Kaufmann zu betrachten, der unklugerweise allzu lange in Kaffee gemacht hat, während heute nur noch Selters getrunken wird.

Man kann allerdings Kultur als Handelsware betrachten, die den Gesetzen von Angebot und Nachfrage unterliegt; aber damit wäre das Eigentliche der Kultur verfehlt. Das Recht oder zumindest den Erfolg des Stärkeren kann man am Markt fordern; aber die Künste vertreten nicht die Logik des

Darwinismus. Sie sind das Reich des Anderen, sie opponieren den Verhältnissen oder transzendieren sie zumindest auf unkalkulierbare Weise.

Ein Feuilleton, das sich selber ernst nimmt, muss sich auf die Seite seiner Gegenstände schlagen; es kann nicht im Auftrag einer ökonomisierten Gesellschaft die Künste denunzieren; es muss vielmehr das Recht der Künste auf Verunsicherung gegen das Ruhebedürfnis des Bürgers verteidigen.

An diesem Punkt ließe sich, wenn man überhaupt so weit gehen will, in der Tat etwas Unzeitgemäßes am Feuilleton entdecken; das wäre aber kein schlechtes Unzeitgemäßes, eher ein heroisches, überaus zukunftstaugliches.

III.

Es gibt in unserer Gegenwart ein Bedürfnis nach Normalisierung – nach Normalisierung der deutschen Geschichte und Gegenwart, nach Normalisierung der Redeweisen und Haltungen, des Geschmacks und Denkens. Starke Abweichungen, starke Extravaganzen, starke moralische oder intellektuelle Einsprüche gegenüber dem Gang der Dinge werden nicht geschätzt. Es gibt ein Verlangen nach dem Positiven, nach Einverständnis und Mitmachen, und dies ist kein Klima, das den Künsten günstig wäre. Kunst ist immer das Gegenteil von Normalisierung. Kunst raubt den Dingen die Selbstverständlichkeit. So gesehen, wird natürlich auch ein Feuilleton, das von den Künsten handelt, leicht den Ruf eines Querulanten, eines Außenseiters in der normalisierten Gesellschaft gewinnen. Das wäre aber kein Ruf, der zu fürchten wäre, sondern einer, der zu Stolz berechtigte.

Wenn es also berechtigt ist, von einer Krise des Feuilletons zu reden, dann wäre diese Krise Folge gesellschaftlicher und wirtschaftlicher Veränderungen, und diese wären dann zum Beispiel im Feuilleton zu analysieren oder gegebenenfalls zu kritisieren. Es wäre eine maßlose Überschätzung medialer Eigengesetzlichkeit, wenn man Konjunkturen oder Rezessionen der Wertschätzung immer nur dem Medium selber zuschreiben würde.

IV.

Der Gedanke, dass die Feuilletonisten nach einer Phase des Hochmuts nun vielleicht etwas zu büßen oder zu bereuen hätten, hat aber wohl damit zu tun, dass sie selbst noch vor kurzem begehrte Handelsware in den Prestige-

und Konkurrenzkämpfen der Tageszeitungen waren. Damit ist es jetzt vorbei. Manches spricht allerdings dafür, dass schon die übertriebene Hochschätzung der vergangenen Jahre auf einem Missverständnis beruhte; jedenfalls beruhte sie auch damals auf keiner Hochschätzung der klassischen Gegenstände des Feuilletons. Weder Kunst noch Theater, weder Film, Musik noch Tanz wurden beliebter und steigerten die Nachfrage nach kompetenter Kritik. Die trügerische Blüte des Feuilletons beruhte vielmehr auf der Blüte eines unklassischen Genres, das sich unter dem Schlagwort politisches Feuilleton vor einem Jahrzehnt etablierte.

Ob diese Blüte jetzt möglicherweise welkt, wäre tatsächlich eine selbstkritische Frage wert. Sie wäre auch die einzige Frage, die das Feuilleton nicht an die Gesellschaft, sondern an sich selbst stellen könnte. Blicken wir deshalb versuchsweise kurz zurück. Wie kam es zum politischen Feuilleton?

Ich bin der Meinung, dass sich Ort, Zeit und Bedingung seines Entstehens recht genau beschreiben lassen. Es geschah im Kulturteil der »Frankfurter Allgemeinen Zeitung« in den späten achtziger Jahren; sein damaliger Herausgeber Joachim Fest hatte sich, als er Mitte der siebziger Jahre das Amt antrat, in seinem Vertrag die Zuständigkeit für ein recht undeutliches Berichtsfeld mit Namen »politische Kultur« zusichern lassen. Das blieb gut fünfzehn Jahre lang eine journalistisch nahezu folgenlose Kategorie, die nur als Alibi in internen Auseinandersetzungen diente, wenn es darum ging, Vorwürfe des politischen Teils abzuwehren, dass die Feuilletonisten ihre Nase in Dinge steckten, die sie nichts angingen. Sie taten das jedoch nicht häufig, und wenn, dann unter der Maske der Kulturkritik, die ohnehin eine gewisse Linksabweichung nahe legte.

Das änderte sich aber mit der Wende von 1989, als die Stasi-Verwicklungen der DDR-Schriftsteller diskutiert wurden und den Blick auf politische Voraussetzungen der Literatur lenkten, die in der Literatur selbst nicht behandelt wurden. Aus den Büchern von Christa Wolf, Fritz Rudolf Fries und Sascha Anderson ging deren Tätigkeit für den Geheimdienst nicht hervor; aber von dieser Tätigkeit fiel ein bezeichnendes Licht auf die Ästhetik der Angst (Wolf), der eskapistischen Verspieltheit (Fries), der Dekonstruktion (Anderson). Die Literaturkritik musste erkennen, dass sie aus der Literatur nichts über die politische Wirklichkeit, aus der politischen Wirklichkeit aber viel über die Literatur lernen konnte. Ein klassisches Paradigma kippte, das darin bestand, politische Diagnosen im Nebenher des Rezensierens zu stellen.

Claudius Seidl hat daher das politische Feuilleton zu Recht als Emanzipation (oder Abspaltung) des gesellschaftskritischen Interesses von der Rezensententätigkeit beschrieben. Die Feuilletonisten entdeckten Chance und Notwendigkeit, statt wie bisher ausschließlich Sekundärtexte nun auch Primärtexte zu schreiben, die das Weltdeutungsmonopol der Künste brachen.

Denn das politisierende Feuilleton verdankte sich keinem genuinen Interesse an der Politik, sondern einem Deutungsinteresse, dem zwangsläufig auch politische Themen vor die Flinte kamen. Auch das hatte mit den Folgen der deutschen Einigung zu tun, die ein ganzes Bündel von intellektuellen, gesellschaftlichen, seelischen Gewohnheiten unter dem Druck der Politik zur Disposition stellte. Einer der ersten und größten Triumphe des politischen Feuilletons bestand darin, im Zuge der Hauptstadtdebatte die westdeutschen Umzugsgegner ihrer kleinbürgerlichen Jägerzaunmentalität zu überführen. In diesem Fall haben Feuilletonisten einer einzigen Zeitung dann nahezu allen Medien ihre Meinung aufgezwungen.

Die Feuilletonisten machten rücksichtslosen Gebrauch von all dem, was sie an stilistischen Mitteln, psychologischen Kampfmitteln und Sozialtechniken den Leitartiklern voraus hatten. Es war, neben anderem, ein Sieg der literarischen Sprache über das formelhafte Abrakadabra der Politiker und politischen Journalisten. Eine Zeit lang gewöhnte sich das Publikum daran, dem politisierenden Feuilleton-Aufmacher mehr Aufmerksamkeit zu schenken als dem politischen Fachkommentar. Der Erfolg hatte allerdings auch eine Inflation der neuen journalistischen Ware zur Folge. Es wurde bald zur gängigen Übung, jedem halbwegs bedeutenden politischen Vorgang im Feuilleton ein weltanschauliches Stück nachzuschieben.

V.

Was einmal Ausnahme und Kür gewesen, wurde zur journalistischen Pflicht; und nach den theoretisch ergiebigen Stoffen griff das Feuilleton mehr und mehr auch nach den unergiebigen, bald auch nach gänzlich mechanischen Anlässen der politischen Standardberichterstattung. Bald konnten kein Staatsbesuch, keine Bundespräsidentenwahl mehr stattfinden, ohne dass im Kulturteil ein besinnliches Stückchen hinzugezwirbelt wurde. Das politische Feuilleton entwickelte sich zurück zu einer klassischen, aber halb vergessenen Textsorte: dem alten Feuilleton »unter dem Strich« mit seinen heiteren, verspielten oder lehrhaften Betrachtungen. (Damit bewies es allerdings auch seine Legitimation als angestammte Textsorte der Kulturteile.)

Politische Redakteure, die sich früher Einmischung verboten hatten, fragten nun in den Konferenzen notorisch (und das gilt für nahezu alle Blätter mit überregionalem Anspruch): »Was meint das Feuilleton dazu?« Und das Feuilleton meinte und meinte. Es zeigte sich ein enormer, tatsächlicher oder eingebildeter Welterklärungsbedarf, den die Kulturteile zu befriedigen hatten. Sie wurden die Ressorts für das Prinzipielle; wann immer Fragen der Politik, der Wirtschaft, der Wissenschaft, des Sports nach theoretischer, übergreifender Einbettung verlangten: Das Feuilleton musste ran. Denn das politische Feuilleton hieß nur noch »politisch«; gemeint war aber nichts Politisches im engeren Sinne, sondern geradezu antikisch: alles, was die Polis betrifft, also die Bürger über ihre Lebenswelt zu reden, zu fürchten und zu hoffen pflegen. Das politische Feuilleton war daher auch bald ein Fußballfeuilleton, ein Abtreibungs-, Atomkraft-, Biogenetikfeuilleton.

Damit entstand allerdings auch das erste Problem. Denn die moralischen und philosophischen Fragen, die der Feuilletonist gerne umwälzt, lassen sich nicht immer so direkt an die Forschungslage anschließen, wie es der Feuilletonist, zu Zwecken des journalistischen Spektakels, gerne hätte. Denn natürlich zielt das politische (besser: Weltanschauungs-) Feuilleton auf die Erregung des Publikums; und damit sind wir bei dem zweiten Problem des Genres. Die Konkurrenz zum klassischen Rezensionsfeuilleton liegt nämlich auch in der überlegenen Spektakelqualität des politischen Feuilletons. Das heißt, die Künste beginnen auch dort, wo sie ihren Platz in der Zeitung haben, zu kümmern und zu welken. Es ist sehr leicht eine Degenerationsstufe des Feuilletons zu denken, in dem die Redakteure nicht mehr über die Dinge schreiben, von denen sie etwas verstehen (Musik, Film usw.), sondern nur noch über Dinge, von denen sie nichts verstehen (Computertechnik, Genforschung usw.). Damit hätten sich die Feuilletonisten endgültig an die Stelle der Künstler gesetzt, die ebenfalls ohne präzises Wissen beliebige Probleme der modernen Gesellschaft in Romane, Videoinstallationen oder Tanztheater überführen.

VI.

Dem dilettantischen Sich-Hinwegsetzen über die Grenzen des Expertentums könnte man durchaus seinen Sinn und seine Würde zubilligen. Denn wo, wenn nicht im Feuilleton, sollte man das Gespräch über die Wissensgebiete hinweg organisieren? Das politische Feuilleton in seiner merkwürdigen Ausprägung als weltanschauliches Universalmedium wäre dann vor allem eine Antwort auf die Zersplitterung des Wissens und der Lebensbereiche, und insofern auch ein Ort der Utopie, der so tut, als könne man noch einmal ein gemeinsames Gespräch über alles führen, was uns so bewegt.

Man könnte es aber auch anders sehen, und die Verdrängung der Kunstkritik durch eine Art gehobenen Stammtisch als eben jene Normalisierung betrachten, die von der gegenwärtigen Gesellschaft so dringend reklamiert wird. Dann wäre das politische Feuilleton kein Ort der Utopie, sondern sein Gegenteil, eine Kapitulation vor dem Alltag und seinen Normaldiskursen. Dann wäre auch verständlich, warum die politischen Redakteure nicht die Konkurrenz des politischen Feuilletons fürchten, sondern nach ihm rufen: Weil auch dies entlastende Normalisierung wäre, Befreiung von den verstörenden Andersantworten der verstörenden Anderswelt, der Kunst, und ihren Andersdenkenden, den Künstlern und Intellektuellen. Gesetzt den Fall, politisches Feuilleton wäre das gesellschaftlich normalisierte Feuilleton, dann würde auch verständlich, warum seit kurzem eine wieder neue Art von Stoffen in das Genre eingewandert ist, nach der Biogenetik und anderen Sciencefiction-Stoffen – unvergesslich die Nanoboter! – nun die Welt der vermischten Nachrichten, des Klatsches und des Stargeflüsters.

Aber natürlich denken die Feuilletonisten nicht, sie würden mit solchen Stoffen nur ein intellektuell veredeltes Klatschblatt produzieren; sie denken vielmehr, hier ein neues Feld der sozial symptomatischen Lektüre zu erobern. Und in der Tat, das kann durchaus sein. Es hängt freilich alles davon ab, wie kritisch oder heimlich affirmativ sich der Feuilletonist dazu stellt. Es hängt von seiner Gereiztheit, von seinem Argwohn, von seinem Willen zur Dissidenz ab, kurzum von dem Potenzial an eben jener schlechten Laune, die von den Normalisierern so sehr gefürchtet wird.

Mit schlechter Laune, damit kein Missverständnis aufkommt, ist natürlich kein schlecht gelaunter Text gemeint, es ist ein sehr gut gelaunter Text gemeint, ein ironischer, sarkastischer, gerade über all den zeitgenössischen

Unfug höchst begeisterter und amüsierter Text. Nur seine Diagnose allerdings muss kritisch sein. Kritik ist das Herz des Feuilletons, und damit sind wir nun doch wieder bei den Künsten. Ich weiß nicht, wie viel Zukunft dem politischen Feuilleton beikommt, aber Zukunft wird es nur haben, wenn es seine Inspiration in den Künsten findet, in dem Grundsätzlich-die-Dinge-anders-Sehen. Ein Feuilleton, das die Dinge mit demselben Blick und in derselben »Werkeltagsstimmung« (Heinrich Heine) sieht wie der Normalbürger, ist gänzlich überflüssig und wird keine Zukunft, nicht einmal eine Krise haben. Denn die Gesinnung des Normalbürgers ist gratis zu haben; für sie braucht man kein Abonnement. Die Normalbürger sind immer in der Mehrheit. Ein Feuilleton kann aber nur aus der Minderheit geschrieben werden.

Gottseidank ist die Chance für einen Intellektuellen, sich in der Minderheit zu fühlen, in den letzten Jahren deutlich gestiegen. Insofern hat das Feuilleton keine Krise zu fürchten.

Die politischen Debatten und ihr Publikum

von Ina Hartwig

Erste These: Das Publikum macht ohnehin, was es will.

Marcel Proust, der als junger Mann den Prozess gegen den jüdischen Leutnant Dreyfus verfolgt und Emile Zolas Aufruf »J'accuse« in der Zeitung »Aurore« unterschrieben hatte, kannte die fragile Eitelkeit der Zeitungsschreiber; er war selber einer. In der »Recherche« stellt er sich einmal die Aufgabe, den Zusammenhang von Schreiben, Publizieren und dem Wunsch, gelesen zu werden, selbstironisch ins rechte Licht zu rücken. Am Morgen wacht der Erzähler auf, seine Mutter hat bereits die Post und das Zeitungsabonnement neben sein Kopfkissen gelegt, so dass er noch im Bett anfängt, im »Figaro« zu blättern. Zu seinem Entsetzen entdeckt er einen Artikel, dessen Anfang jenem Artikel aufs Wort gleicht, den er selbst vor längerem der Zeitung zugeschickt hatte und auf dessen Publikation er seitdem sehnsüchtig wartet. Unverschämtheit, denkt er, als seine Augen über die ihm allzu bekannten Worte fliegen. Irgendwann erkennt er unter dem Text seinen Namen, und ihm wird schlagartig klar, dass der »Figaro« endlich seinen Artikel publiziert hat. Nun ergötzt er sich an seinen Formulierungen und dem Esprit seiner Einfälle – und stellt sich schon in einem einsamen Schlafzimmer irgendwo in Paris die ideale Leserin vor. Er taumelt im Rausch des Publiziertseins und der Vervielfältigung. Dass das Zeitalter der technischen Reproduzierbarkeit keine Aura entfalte – für Proust undenkbar. Noch am selben Tag sucht der Erzähler den Herzog und die Herzogin von Guermantes auf. Doch welche Enttäuschung, dass sie nicht sofort die Rede auf seinen hervorragenden Artikel bringen. Als der Erzähler sich endlich überwindet, sie auf das Ereignis aufmerksam zu machen, bemerkt der Herzog ungläubig: »Sie haben einen Artikel in Le Figaro geschrieben?« Weder er noch seine Frau haben jenen Artikel zur Kenntnis genommen, und das, obwohl sie gleich *zwei* Exemplare der Zeitung abonniert haben, wie der Herzog zu betonen sich anschickt: »... wenn er dem einen entgangen wäre, hätte ihn doch der andere sehen müssen. Nicht wahr Oriane, es stand doch nichts darin?«[1]

**Zweite These: Wie gut, dass wir Martin Walser haben.
Er ist der perfekte Statthalter des politischen Ressentiments.**

Die Unverplanbarkeit des Publikums darf nicht mit politischer Indifferenz verwechselt werden. Was die Dreyfus-Affäre angeht, so schreibt Proust ihr eine Wirkkraft zu, die die Gesellschaft förmlich spaltet. Der Herzog und die Herzogin von Guermantes sind, wie fast alle Aristokraten des Faubourg Saint-Germain, zunächst gegen den des Landesverrats angeklagten Dreyfus eingestellt. Zugleich klopfen sie einander auf die Schulter, weil sie so großzügig sind, Gilberte Swann zu empfangen, die Tochter eines Juden.

Martin Walser, der bekennende Proust-Leser, kommt mir ein bisschen vor wie das Ehepaar Guermantes. Der eine Teil in ihm ist gewissermaßen für Dreyfus, der andere Teil gegen ihn, wobei Dreyfus natürlich ersetzt werden muss durch eine zeitgemäße Form des projüdischen oder antijüdischen Engagements. Die politischen Debatten, die Walser in den letzten Jahren über die deutschen Feuilletons gebracht hat, tragen, wie man weiß, Aspekte der Doppelzüngigkeit. Es ist schon merkwürdig. Einerseits scheinen sich alle darin einig zu sein, dass die Literatur als Leitmedium ausgedient habe. Andererseits vermögen gerade diejenigen Schriftsteller politische Turbulenzen zu entfachen, die ein weiterhin vitales Zusammenspiel von ästhetischen und politischen Fragestellungen belegen. Im Unterschied zu Günter Grass, der eine Erinnerungsarbeit anstößt, die im Sinne des Mainstream ohnehin dran war; im Unterschied auch zu Peter Handke, dessen wutschnaubender proserbischer, bukolisch-romantisierender Antikapitalismus nicht mehr so recht vermittelbar ist; im Unterschied auch zu Botho Strauß, dessen Gemaule über die unästhetische Demokratie[2] immerhin von einem an-

---
[1] Zitiert nach der von Luzius Keller betreuten Frankfurter Ausgabe der Werke Marcel Prousts. Die Szene befindet sich in dem Band »Die Flüchtige«, dem sechsten Teil des Romanzyklus »Auf der Suche nach der verlorenen Zeit«, Frankfurt am Main 2001, S. 224–250.
[2] Dass vorbildliches politisches Feuilleton in einer stilistischen Analyse aufgehen kann, durch die jede inhaltliche Auseinandersetzung sich erübrigt, hat seinerzeit Michael Maar gezeigt. Sein Aufsatz über Botho Strauß' »Anschwellenden Bocksgesang« erschien am 9. März 1993 in der »Frankfurter Allgemeinen Zeitung« und ist nachgedruckt in Maars Sammelband »Die Feuer- und die Wasserprobe«, Frankfurt am Main 1997.

gesehenen »Merkur«-Herausgeber untermalt worden ist, freilich auf unanfechtbarem Niveau – im Unterschied zu all diesen Kollegen ist Martin Walser so etwas wie der Debatten-Schriftsteller par excellence: Nicht, weil er selbst sich großartig an diesen Debatten beteiligte, sondern weil er Sentiments zur Sprache bringt, die einerseits gerade noch diskutabel sind, andererseits das kulturelle Milieu zu spalten vermögen.

Derselbe Schriftsteller, der in der ersten Nummer des »Kursbuchs« im Jahr 1965 äußerst sensibel über den Frankfurter Auschwitz-Prozess berichtete (unter dem Titel »Unser Auschwitz« – eine raffinierte Zitation von Thomas Manns legendärem Aufsatz »Unser Hitler«), derselbe Schriftsteller bekam 33 Jahre später in der Frankfurter Paulskirche brausenden Beifall für sein gewendetes Sentiment, das als Ressentiment wohl besser beschrieben ist. Das von Walser in der Paulskirchenrede geäußerte Unbehagen an einem monumentalen nationalen Holocaust-Mahnmal ist als solches nicht problematisch gewesen, wie die Ablehnung desselben, damals noch in Planung befindlichen Mahnmals durch Ignatz Bubis belegt, desselben Ignatz Bubis, der am Ende von Walsers Rede demonstrativ sitzen blieb. Brisant wurde das Unbehagen erst im Zusammenspiel mit einer Insinuation: nämlich der, eine bestimmte politische Klasse habe die Bewusstseinsindustrie in die Hand genommen. Diese politische Klasse dominiere die Republik mit ihrem Tugend- und Moralterror; wann immer er den Fernseher einschalte, müsse er sich mit dem Holocaust beschäftigen. Sich von den Medien moralisch geknebelt zu fühlen, bringt das Ressentiment auf den Begriff; *ihm* galt der Applaus – der verzerrt noch nachhallte in der Debatte um den Schlüsselroman »Tod eines Kritikers« –, und man wüsste immer noch gern, was der gefühlsmäßige Kern dieses Ressentiments ist.

Dritte These: Politisches Feuilleton ist der Widerhall der Politik als Befindlichkeit.

Ich meine mich zu erinnern, dass die »tageszeitung« damals kommentierte, Walser stünde es doch frei, den Fernseher ausgeschaltet zu lassen. Ein sehr vernünftiger Gedanke, der leider in der weiteren Debatte keine Rolle spielte; wahrscheinlich, weil die »tageszeitung« nicht ernst genug genommen wird. Dabei sollen die Feuilletonisten der »Frankfurter Allgemeinen Zeitung« die Feuilletonisten der »tageszeitung« immer gern gehabt haben; was auch umgekehrt gilt; und was sich nicht zuletzt in der Konzeption der »Berliner Seiten« zeigte, die den Feuilleton-Stil der »tageszeitung« ziemlich dreist beklauten (und dem kleineren Blatt konsequenterweise Autoren abzogen). Diese clevere Offenheit kann man der »Frankfurter Rundschau« nicht nachsagen, wie ich gekränkt feststellen musste, als ich dort anfing. Dabei wäre eine Zeitung wie die »tageszeitung« mit ihrer genossenschaftlichen Struktur ohne die 68er-Bewegung nie denkbar gewesen, und wo saßen denn die richtigen 68er, wenn nicht in der Redaktion der »Frankfurter Rundschau«? Als ich 1997 bei der »Frankfurter Rundschau« anfing, saßen sie jedenfalls noch da, und sie hielten eisern fest an ihren ästhetischen, moralischen und politischen Prinzipien, dieser höheren Form des Nichteinverstandenseins, die sie dreißig Jahre zuvor entwickelt hatten. Adorno schien immer noch als Hausgott des Feuilletons der »Frankfurter Rundschau« zu firmieren, in einer geradezu musealen Ernsthaftigkeit, wie überhaupt Frankfurt Züge eines geistigen Museums der siebziger Jahre trägt, im Guten wie im Komischen.

Inzwischen wird das Feuilleton der »Frankfurter Rundschau« von einem früheren Redakteur der »tageszeitung« geleitet. Als er 1999 aus Berlin nach Frankfurt kam, war die Hölle los. Von einer aufgeschlossenen Chefredaktion unterstützt, war es eine seiner Hauptaufgaben, ein politisches Feuilleton zu etablieren. Kaum waren die ersten Schritte in diese Richtung getan, hagelte es düpierte Leserbriefe und Abo-Kündigungen. Die Begründungen, so sie denn geliefert wurden, lauteten: postmoderne Beliebigkeit, Zynismus, ja sogar des Rechtsseins wurde das neue Feuilleton bezichtigt. Die prominenteste Kündigung kam von Günter Grass. Was war passiert?

Eine neue, alte Haltung hatte Einzug gehalten, deren Hauptkennzeichen sind: Skepsis gegenüber moralischer Eitelkeit; eine Neigung zur Deskription – mit der Tendenz zur Meinungslosigkeit; die Weigerung, Populärkultur zu verurteilen; Freude am Trash.[3] Ohne diesen Stil idealisieren zu wollen, hat er doch die politische Befindlichkeit der angestammten Leserschaft

---

[3] Unübertroffene Heroine dieses Stils ist natürlich Gabriele Goettle, deren Reportagen über deutsche Sitten und Bräuche regelmäßig in der »tageszeitung« erschienen, bevor sie dank Enzensbergers »Anderer Bibliothek« zu – inzwischen vier – Büchern wurden. Frank Schirrmacher bejubelte Goettles Reportagen, aber es gelang ihm dennoch nicht, diese eigenwillige Schreiberin von der »tageszeitung« zur »Frankfurter Allgemeinen Zeitung« zu locken. Noch heute publiziert Goettle ihre Sittenstudien aus unserem seltsamen Land jeden ersten Montag im Monat in der »tageszeitung«.

erheblich gestört, und zwar letztlich aus dem Inneren des Milieus heraus – nicht von außen. Heute, da die Zeitung ganz andere Sorgen hat, verspürt man fast Rührung ob dieses kleinen Kulturkampfes. Sein Mittel war nichts anderes als ein Ton, ein Stil.

Ob wir uns in ein paar Jahren tatsächlich wiedertreffen, um über mögliche »Synergieeffekte« zu sprechen, wie Jürgen Kaube es in der Diskussion andeutete? Erfreulich wäre es ja. Richtungweisend könnte eher der Hinweis von Christina Weiss sein, in ausländischen Zeitungen existiere ein Feuilleton in unserem Sinne überhaupt nicht. Auf welche Weise man sich in Zukunft hierzulande mit einem geschrumpften Feuilleton wird arrangieren müssen, das kann in der Tat jetzt schon der Blick ins Ausland lehren. Die knapp bemessenen Kulturseiten beispielsweise in »Le Monde« beschränken sich auf Rezensionen; die Literaturkritik der wöchentlichen Beilage »Le monde des livres« darf man getrost als korrupt bezeichnen. Und das politische Feuilleton? Es findet auf den Kulturseiten nicht statt. Andererseits: Als Bernard-Henri Lévys Buch über den in Pakistan ermordeten jüdischen Journalisten des »Wall Street Journal« Daniel Pearl erschien, brachte »Le Monde« einen Artikel von BHL auf Seite eins. Selbst die Abendnachrichten des staatlichen Fernsehsenders TF1 wiesen auf das Buch hin und interviewten den Vorzeigeintellektuellen[4] – undenkbar in Deutschland. Mit gutem Grund sollte man die geradezu höfische Verfilzung der Pariser Medienszene skeptisch beurteilen. Dennoch ist die französische Intelligenz dem Begriff des Engagements in einem konkreteren Sinne verpflichtet, als dies in Deutschland der Fall ist. Die französischen Intellektuellen beherrschen nicht nur das politische Feuilleton (außerhalb des Feuilletons), sie scheuen überhaupt die Nähe zur Politik weniger als die deutschen Intellektuellen. Und womöglich lässt sich sogar eine Linie zurückziehen bis zu Emile Zolas »J'accuse«.

---

[4] Bernard-Henri Lévy, »Qui a tué Daniel Pearl?«, Paris (Grasset) 2003.

Apologie der Besserwisserei

von Patrick Bahners

> The faults of the *Edinburgh Review* arise out
> of very consciousness of critical and logical
> power.
> *William Hazlitt, The Spirit of the Age, 1825*

Politische Kommentare im Feuilleton sehen sich dem Einwand ausgesetzt, auf dem Feld des Politischen fehle dem Feuilletonisten der Sachverstand. Tatsächlich geht es dem Feuilletonisten nicht anders als jedem anderen Bürger, der sich über die politischen Dinge ein Urteil bilden muss, ohne über Expertisen zu verfügen. Nun könnte man zugunsten des Feuilletonisten annehmen, aus der Not der Uninformiertheit mache er im besten Falle die Tugend des unbefangenen Blicks, er urteile – um einen Bundespräsidenten zu zitieren, der ja so etwas ist wie der oberste Feuilletonist der Bundesrepublik, der zu allem etwas Unverbindliches zu sagen hat – unverkrampft. Doch ein solches wohlwollendes Zugeständnis ist unnötig. In einer Demokratie muss der Not, kein Experte zu sein, keine Tugend abgewonnen werden, weil sie ein Recht begründet. Der Bürger hat einen Anspruch darauf, mitzusprechen und am Ende zu entscheiden, ohne zunächst eine wissenschaftliche Ausbildung zu durchlaufen, die ihn zum Experten qualifiziert. Gewährleistet wird dieser Anspruch dadurch, dass in die Gründe politischer Entscheidungen prinzipiell nur solche Informationen eingehen, die öffentlich zugänglich sind.

Entgegen einer von Feuilletonisten verbreiteten Legende ist das politische Feuilleton keine junge Erfindung. In der »Edinburgh Review«, dem vor zweihundert Jahren gegründeten Intelligenzblatt der britischen Whigpartei, standen Rezensionen literarischer Neuerscheinungen in jeder Nummer neben Leitartikeln zur Innen- und Außenpolitik. Das »Critical Journal«, wie der Untertitel der Zeitschrift lautete, war ein Gerichtshof, dessen Jurisdiktionsbezirk keine Grenzen kannte. Für ästhetische wie für politische Kritik galt das auf der Titelseite prangende Motto: Judex damnatur cum nocens absolvitur, der Richter wird verdammt, wenn er den Schuldigen freispricht. Es ist kein Zufall, dass die Gründer des meistgefürchteten kritischen Organs der englischen Literaturgeschichte Juristen waren, Francis Jeffrey und Henry Brougham. Juristen ist selbstverständlich, dass zum fairen Verfahren die öffentliche Beweisaufnahme gehört. Wie das Werk eines Dichters insoweit zum Gegenstand der Literaturkritik wird, als es veröffentlicht vorliegt, sind es die öffentlichen Akte von Politikern, die sich kritischer Erörtertung aussetzen, in erster Linie natürlich die öffentlichen Äußerungen. Das Projekt der »Edinburgh Review« wurde zu einer Zeit ausgeheckt, als sich die Whigs aus dem Zentrum der Macht und vor allem aus ihren Vor- und Hinterzimmern verbannt sahen. Auf diese Erfahrung der Ohnmacht reagierten die Edinburgher Rezensenten, indem sie neue, moderne Legitimationskriterien der Macht proklamierten und tatsächlich auch durchsetzten. In Alteuropa galt Politik, unter der man hauptsächlich die Außenpolitik verstand, als Geschäft für Eingeweihte. Es kostete Zeit, sich über die Kräfteverhältnisse der europäischen Mächte zu unterrichten, deren Konstellationen einem permanenten Wandel unterlagen. Deshalb befand sich die Diplomatie in den Händen des Adels. Nach Überzeugung von Jeffrey und Brougham hatte der Fortschritt der Bildung dieses Politikverständnis anachronistisch gemacht. War dem Publikum stets bedeutet worden, es könne von den Staatsgeheimnissen nichts verstehen, so drehten sie nun den Spieß um: In die Staatsräson sollten nur noch solche Ratschlüsse eingehen, die vor öffentlicher Kritik bestehen konnten.

Insbesondere Brougham veröffentlichte übrigens in der »Review« auch umfangreiche kritische Abhandlungen zur Naturkunde. Dass die Popularisierung der Naturwissenschaft erst in jüngster Zeit der Geschichtsphilosophie Konkurrenz macht, ist eine weitere jener Torheiten, die man bisweilen auf den ersten Seiten großer Feuilletons liest, wenn dort vom Feuilleton gehandelt wird [Süddeutsche Zeitung, 17. September 2003]. Im Zuge der Verbreitung nützlichen, vor allem naturwissenschaftlichen Wissens, so dachte es sich Brougham, hat die Öffentlichkeit nun aber nicht so sehr auch von der Politik ein Spezialwissen erworben. Zum Urteil über die Politik ist sie schlichtweg dadurch befähigt, dass sie das Denken geübt hat. Bei Kollegen aus dem politischen Ressort steht das politische Feuilleton im Ruf, schlechte Rhetorik zu sein, die ohnehin im Umlauf befindlichen Meinungen entweder sinnlos zu vermehren oder geschmacklos auszuschmücken. Gutes politisches Feuilleton ist mit solchen Spielereien nicht zu verwechseln. Es ist nichts weiter als angewandte Logik. Denn der Laie, dem Sonderwissen fehlt, kann ein Korpus öffentlicher Verlautbarungen nur an den allgemeinen, für Mitteilungen aller Art geltenden Regeln messen. Der Feuilletonist prüft als Stellvertreter des Bürgers die Politik auf die Konsistenz ihrer Selbstdarstellung. Seine wirkungsvollste Waffe, die allein kriegsentscheidend sein kann, ist der Nachweis des Widerspruchs. Wer sich ohne Grund im Widerspruch zu eigenen älteren Aussagen befindet, setzt sich ins Unrecht. Während der whigistischen Kampagne gegen das oligarchische Regiment der Nachfolger Pitts konnte die Ursache plötzlicher Meinungsumschwünge der leitenden Minister regelmäßig im verborgenen Einfluss des Königs gesucht werden. So öffentlichkeitswirksam solche Spekulationen sein mögen: Es ist die Pointe der Kritik, dass Vermutungen über Motive dahinstehen können, dass es im öffentlichen Raum nur auf den Inhalt von Aussagen ankommt und auf ihre zu erwartenden Wirkungen.

So gesehen ist das politische Feuilleton das genaue Gegenteil von Verschwörungstheorien, wie sich zuletzt im Irak-Krieg zeigte. Hier stand auf der einen Seite die im Internet für alle Welt zugängliche Charta der Vereinten Nationen, aus der zweifelsfrei hervorgeht, dass das Gewaltverbot auch für die Vereinigten Staaten gilt und dass selbst die Verteidigung gegen einen Angriff nur solange eine Ausnahme vom Gewaltverbot begründet, wie der Sicherheitsrat noch keine Maßnahmen zur Wiederherstellung des Friedens ergriffen hat – ein Gremium, in dem die Vereinigten Staaten jeden gegen ihre Interessen gerichteten Beschluss verhindern dürfen. Auf der anderen Seite standen unüberprüfbare Behauptungen über eine angeblich mehr oder minder unmittelbare Bedrohung mit so genannten Massenvernichtungsmitteln. Nun liegt es in der Natur von Geheimdienstinformationen, dass sie sich öffentlicher Nachprüfung entziehen, solange sie noch etwas wert sind, und kein Habermas-Jünger im Feuilleton wird von Regierungen ein Verwertungsverbot für solches Wissen verlangen. Habermas selbst übrigens auch nicht. Aber von der Bedrohung wusste man ja, dass sie seit Jahren der Grund für ein internationales Sanktionsregime war, das massiv in die irakische Souveränität eingriff. Was war im Lichte dieses von niemandem zu bestreitenden Sachverhalts vom amerikanischen Kriegsgrund zu halten?

Nun wurde zu bedenken gegeben, merkwürdigerweise mit besonderer Leidenschaft von dem einen oder anderen Feuilletonisten, auf die Rechtmäßigkeit des amerikanischen Angriffs komme es nicht an, das Völkerrecht sei gar kein Recht, die Macht gebe in der Staatenwelt den Ausschlag und müsse immer den Ausschlag geben. Ein Argument, das sich heutzutage noch viel schlechter vertreten lässt als zur Zeit der griechischen Sophisten. Existenzmodus des Rechts ist nun einmal das Gelten, und wer Regeln eines Clubs nicht mehr einhalten will, den er selbst mitgegründet hat, der möchte doch bitteschön austreten. Im »Merkur«, der deutschen Zeitschrift für europäisches oder vielleicht besser: für anti-antiamerikanisches Denken, teilte ein Hamburger Feuilletonkollege mit: »Angelsächsische Juristen interpretieren das Völkerrecht nicht am Leitfaden einer kantianischen Prinzipienethik« [Merkur, 57. Jahrgang, Heft 7, Juli 2003]. Fundstellen blieb der Verfasser ebenso schuldig wie eine Erklärung des Umstands, dass es ausgerechnet in der Völkerrechtslehre zu einem Widerstreit der Nationalstile gekommen sein soll. Ob man vor dem nächsten Krieg nicht mehr ganz so laut im Namen des Realismus und der Realpolitik trommeln wird, nachdem sich die Wirklichkeit der irakischen Massenvernichtungswaffen als Fata Morgana erwiesen hat?

Dem Rechtsnihilismus verwandt ist ein neuer Sozialdarwinismus: Es ist kein Zufall, dass die Diskurstheorie von Habermas, in unzähligen postmarquardschen Feuilletonglossen totgewitzelt, sowohl im Völkerrechtsstreit wie in der Bioethik ihre orientierende Kraft unter Beweis gestellt hat. Auf beiden Feldern gibt es Kräfte, die im Namen des guten Willens normative Hemmungen beiseite räumen wollen. Wer machtlos ist, soll Unrecht haben, der auf Vertragsbuchstaben pochende Uno-Generalsekretär, der Embryo in der Petrischale – im Unterschied zu seinem durchsetzungsfähigen Vetter, der sich erfolgreich in der Gebärmutter eingenistet hat. Warum sollten die Vereinigten Staaten sich über den Sicherheitsrat hinwegsetzen dürfen? Es wurde geltend gemacht, die Idee einer Weltregierung sei weltfremd. Und außerdem verfolgten die ständigen Mitglieder Frankreich und Russland ihre eigenen Absichten. Nur einer dieser beiden Vorwürfe gegen den Rat konnte freilich zutreffen. Entweder ist er ein Debattierclub oder ein Großmächtekartell.

Wo die Gesetze der Logik außer Kraft gesetzt werden, ist zwar nichts mehr denkbar, aber alles möglich. Insofern ohne das Widerspruchsverbot dem vernünftigen Streiten der Boden entzogen wäre, darf und muss das politische Feuilleton fundamentalistisch argumentieren. Der Pragmatismus, der Politikern und politischen Journalisten aus guten Gründen zweite Natur ist, hat keine intellektuellen Advokaten nötig, denn was sich durchsetzt, setzt sich eben durch. Es mag ja sein, dass die Amerikanisierung der Erde unaufhaltsam ist, aber dann wird für sie gelten, was James Fitzjames Stephen im Disput mit John Stuart Mill über die Demokratie schrieb: Wenn keine Menschenkraft die Wasser zurückdrängen kann, dann soll man natürlich mit dem Strom gehen – aber man muss dem Flussgott kein Halleluja darbringen.

Zum Schluss ein Lehrbuchspiel über politisches Feuilleton als Collegium logicum. Ein Sieg der Vernunft, zu dem – was man selten mit moralischer Gewissheit dürfte behaupten können – die Hartnäckigkeit feuilletonistischen Nachfragens beigetragen hat, war der Ausstieg der katholischen deutschen Bischöfe aus dem staatlichen System der Gewährleistung von Abtreibungen. Die kirchenpolitischen Berichterstatter der Zeitungen, zumeist in den politischen Ressorts angesiedelt, waren geneigt, die pastoralpragmatischen Beweggründe der deutschen Amtskirche zu akzeptieren, die auch in diesem Flügel des Sozialstaatsgebäudes eine Kapelle unterhalten wollte. Feuilletonisten waren die Spielverderber. Die Debatte erreichte ihren Wendepunkt, als die Bischofskonferenz unter Leitung des heutigen Kardinals Lehmann den Beschluss fasste, auf die Bescheinigungen der Beratungsstellen, deren einziger Zweck darin liegt, dass sie zur Erlangung der Straffreiheit einer Abtreibung verwendet werden können, den Satz zu drucken: Kann nicht zur Erlangung der Straffreiheit einer Abtreibung verwendet werden. Kann nicht – kann doch, beziehungsweise kann nicht – kann nicht anders: Eine größere Öffentlichkeit erkannte, ganz unabhängig vom Dissens über das Abtreibungsrecht, dass sich eine Institution in eine unmögliche Lage manövriert hatte, die sich in dieser Weise das eigene Wort im Mund herumdrehte. So transzendiert die Logik ideologische Gegensätze, nicht um sie zu erübrigen, sondern um ihnen den gemeinsamen Raum zu schaffen, in dem die Geister sich auskämpfen. Es ist die Aufgabe des politischen Feuilletons, wie aller Kritik, den Geist beim Wort zu nehmen.

Diskussion

Eckhard Fuhr: Der deutlichste Dissenz in dieser Runde besteht offenbar darin, was das Feuilletonistische am politischen Feuilleton sein soll. Jens Jessen und andere haben Begriffe im Zusammenhang mit der Politisierung des Feuilletons verwendet, die das Gegenteil meiner Vorstellungen von einem Feuilleton darstellen: Jessen sprach von einem »heroischen Feuilleton«, Patrick Bahners vom »fundamentalistischen« und vom »prinzipiellen« Feuilleton. Mit dem Stichwort »Feuilletonisierung der Politik« hatte ich ja auch beabsichtigt, das Verschwinden des Fundamentalistischen aus der Politik zu bezeichnen, das ich für einen Zivilisationsgewinn halte. Als Redakteur im politischen Ressort der »Frankfurter Allgemeinen Zeitung« habe ich dazu beigetragen, den prinzipienlosen, ganz und gar nicht fundamentalistischen Gerhard Schröder emporzuschreiben, womit ich mich auch aus dem politischen Ressort heraus- und ins Feuilleton hineingeschrieben habe. Auch deshalb ist mir an einer Klärung gelegen, was das Politische am Feuilleton sein soll: Ist das Feuilleton nicht das Ressort, in dem eine gewisse Leichtigkeit des Schreibens und des Seins möglich ist? Die großen Kategorien hingegen – also Fundamentalismus, Prinzipientreue – habe ich zum Teil leidvoll erfahren als Eigenschaften eines politischen Ressorts.

Jens Jessen: Mir scheint hier ein kleines Missverständnis vorzuliegen. »Heroisch« heißt für mich zunächst einmal, dass die Gegenstände, die wir behandeln, und gewissermaßen auch wir selber nicht identisch sind mit den Anliegen der Bevölkerungsmehrheit. Das ist nicht als bewusste Absonderung gemeint und schon gar nicht als Ausdruck einer angemaßten Überlegenheit, sondern einfach als Folge einer gewissen Selbstreflexion. Es nutzt nichts: Wir sind die Intellektuellen, und die anderen sind die anderen. »Heroisch« heißt also nur, dass es keinen Sinn hat, wenn wir uns den anderen anpassen – sie werden immer weiter rücken, und wir haben nichts gewonnen. Deswegen werden wir ja auch gelesen, denn der andere möchte ja auch, dass es den Intellektuellen gibt, der ihm zeigt, dass die Selbstverständlichkeiten, in denen er lebt, nicht unbedingt verpflichtend sind.

Heinz Bude: Mit der Wandlung des Feuilletons in den vergangenen zehn Jahren verbinde ich nicht nur seine Funktion als »Stellvertreter des Bürgers«, wie sie Jens Jessen beschrieben hat, sondern auch eine ethnologische Veränderung. Dazu gehört vor allem das Reporterideal des Intellektuellen, die Recherchen zum mysterienhaften Charakter der Gesellschaft. Als Soziologe habe ich es geschätzt, wenn auf diese Weise deutlich wurde, dass Gesellschaft nichts Selbstverständliches sein muss, dass es unter der Oberfläche der Gesellschaft produzierende Mechanismen gibt, deren Arbeitsweise befragt werden kann. Das politische Feuilleton hat solchen Problemen gegenüber eine Art von ethnologischem Zugang entwickelt und befördert. Dergleichen würde ich ungern missen. Aber es scheint schwieriger geworden zu sein, den Blick so auf die Mysterien der Gesellschaft zu richten, weil dem Reporter im Feuilleton gegenwärtig die Möglichkeiten so sehr beschnitten werden.

Eine zweite bedeutsame Funktion des Feuilletons scheint mir im Ethischen zu liegen. Das Feuilleton ist der Ort in der Zeitung geworden, an dem sich ethische Positionen verlieren lassen, auch wenn es mir scheint, dass es in jüngster Zeit komplizierter geworden ist, solche Positionen zu formulieren. Ich finde allerdings – und jetzt spreche ich als Leser –, dass es notwendig ist, hier das ethische Vokabular zu überarbeiten. Es reicht meistens nicht aus, auf Widersprüche hinzuweisen. Es ist nötig, sich darüber zu verständigen, mit welchen Worten wir über Veränderungen in der Gesellschaft reden wollen. Wie sehr wir eine solche Verständigung brauchen, zeigen zum Beispiel die Interviews mit Kardinal Ratzinger, die es seit drei, vier Jahren in den Feuilletons immer wieder gibt. Mehr vielleicht, als dass sie zur Klärung gesellschaftlicher Probleme beitragen, offenbaren sie, dass es hier eine Leerstelle gibt, dass sich das ethische Vokabular des Feuilletonisten erschöpft hat. Hier muss unsere Arbeit neu ansetzen.

Patrick Bahners: Einer der schönsten Artikel aus dem von Heinz Bude so eindringlich beschworenen mysteriösen Unterholz der Gesellschaft war ein Stück aus der »Süddeutschen Zeitung«, verfasst von dem Kunsthistoriker

Wolfgang Kemp. Darin ging es um einen vermeintlichen Besuch in einem »Think Tank«, geleitet von einem Strategen aus der Wolfowitz-Schule. Dieser Stratege breitete sehr freimütig seine Denkwelt aus, und das interferierte dann sehr prägnant mit den angeblichen Beobachtungen des Kunsthistorikers selber. Auch den Kollegen vom »Perlentaucher« fiel dieser Text sehr auf, sie stellten ihn prominent heraus, mussten aber beim Nachprüfen der Hinweise auf Seiten im Internet feststellen, dass all diese Hinweise ins Leere führten. Mir hat dieses Unternehmen sehr eingeleuchtet – der Artikel war eine wunderbare feuilletonistische Reflexion auf das Künstlerische am Politischen, ein Spiel mit den Mystifikationen des Mysteriösen.

Jens Jessen: Wenn die Debatten des politischen Feuilletons sich zu erschöpfen scheinen, dann mag es dafür handfeste Gründe geben. Sprechen wir doch auch einmal von der Ausführlichkeit als Problem der Debatten, die wir vom Zaun brechen. In den meisten Fällen, und ich glaube, dass alle hier anwesenden Kollegen diese Erfahrung teilen, ist es doch so, dass eine Debatte nach drei, höchstens fünf, ja, in besonders intrikaten Fällen möglicherweise sogar sieben Beiträgen erschöpft ist – die Positionen und Argumente sind dann durchbuchstabiert. Alles andere sind Wiederholungen, Reprisen mit wechselndem Personal. Ein zweiter Grund der Erschöpfung ist, dass es in diesen Debatten ja nicht nur um ernste, tief schürfende, letzte Fragen wie die Gentechnik geht, sondern es gibt ja auch immer wieder die Aufforderungen ans Feuilleton, zu beliebigen Anlässen irgendwelche Besinnungsaufsätze zu liefern. Diese Art von Artikel haben wir, glaube ich, alle leid. Das ist wie Nachsitzen.

Ulrich Greiner: Es scheint mir hier eine mehr oder minder verborgene Sehnsucht herumzuspuken, eine Sehnsucht nach der Reästhetisierung des Feuilletons, nach einer Rückkehr des Rezensionsfeuilletons. Die meisten von uns kennen noch das alte Feuilleton der »Süddeutschen Zeitung«, das Feuilleton, in dem ein Klavierabend im Herkulessaal selbstverständlich zum Aufmacher wurde. Ich glaube nicht, dass wir uns solche Verhältnisse tatsächlich zurückwünschen. Ich glaube aber auch, dass die Politisierung des Feuilletons zu einem Ausweg führt. Dieser hat zu etwas geführt, das wir mittlerweile selber als eine Art von Grauschleier wahrnehmen – mit bestimmten Themen ist der Grauschleier ins Feuilleton gezogen, und man kann nicht über die Rentenreform im Feuilleton schreiben, ohne dass das passiert. Wir müssen uns immer wieder gewärtig werden, dass wir im Vergleich mit den Kollegen aus den anderen Ressorts das größere Glück haben: Wir haben einfach die schöneren Gegenstände. Ein Unterschied, der allerdings geschwunden ist, ist der zwischen einer Sprache des Feuilletons und einer Sprache der Politik – und eine unserer dringlichsten Aufgaben müsste es sein, mehr als uns dem politischen Feuilleton mit seinen grauen Themen zu widmen, die Sprache des Feuilletons wiederzufinden.

Gustav Seibt: Wir reden über politisches Feuilleton, aber gleichzeitig geht es um Fußball oder um Gentechnik, also um Dinge, die am Rande der Politik liegen. Ich schlage vor, stattdessen zwischen ästhetischer, gegenstandsbezogener Kritik und einem kulturkritischen Feuilleton zu unterschieden, das soziale und kulturelle Phänomene in einer weiteren, kontextualisierten Weise aufgreift. Wenn man nun unter dieser Perspektive zurückschaut und sich fragt, wann das kulturkritische Feuilleton das höhere Maß von Autorität gewonnen hat, dann war das Mitte der achtziger Jahre – also nicht zufällig zu einem Zeitpunkt, als der ästhetische Fortschritt auch formell verabschiedet wurde. Kritik hatte ja seit ihrer Entstehung im achtzehnten Jahrhundert immer auch unter dem Anspruch gelebt, das Neue zu vermitteln. Sie mag Bildung gewesen sein, Wiederkehr von Verlorenem, war aber immer auch für sich gefordert, die Tendenzen des Zeitalters zur Sprache zu bringen. Dadurch wurde jede Kritik von vornherein weit über die Besprechung eines einzelnen Werkes hinausgehoben. Heute aber würde man nicht mehr mit diesem geschichtsphilosophischen Horizont argumentieren, und das hat selbstverständlich Folgen auch für die Kritik. Unter diesen Bedingungen ist daher eine Serie von Artikeln zur Überalterung der Republik nicht unfeuilletonistisch – im Gegenteil: das Feuilleton ist auch die Heimat der konkreten sozialen Phantasie, und wo einst die ästhetische Geschichtsphilosophie war, da mag heute die Suche nach einer allgemeinen Tendenz des Zeitalters vorherrschen. Auch das ist Feuilleton.

Sibylle Lewitscharoff: Ich glaube, leider, dass an die Stelle des ästhetischen Fortschritts das Leben gerückt ist, und zwar durchaus in fataler Weise, weil die Zeitzeugenschaft – eine Kategorie, die in dramatischer Weise mit großen Katastrophen verbunden ist – plötzlich heruntergedeklinert wird auf ziemlich ereignislose und sehr unvollständige Lebensläufe. Da ist etwas eingetreten, das nicht nur Boulevard ist, sondern die Öde schlechthin, zumal dieser Wechsel auch eine entsetzliche Entwertung von Leben nach sich gezogen hat.

III Das Feuilleton und das Pathos des Augenblicks

Was vom Tage blieb:
Der Kairos eines Generationswechsels

von Heinz Bude

Lassen Sie mich am Anfang auf eine methodische Misslichkeit hinweisen: Wenn ich im Folgenden den Begriff des Kairos aufgreife, wird ein Jetztzeitbegriff genommen, um ein Vergangenheitsrätsel zu lösen. Als ein solches stellt sich diese ungeheure Glanzphase des bundesdeutschen Feuilletons der neunziger Jahre des letzten Jahrhunderts zumindest für viele heute dar.

Darin steckt insofern ein grundlegendes Beschreibungsproblem, als der objektiven Beobachtung zugänglich gemacht werden soll, was nur in existenzieller Beteiligung gegeben ist. Die Rekonstruktion der historischen Figuration eines Kairos ist naturgemäß etwas ganz anderes als die gefühlte Erkenntnis, die eigene Stelle in einer gegenwärtigen Situation gefunden, ergriffen und verloren zu haben. Noch der Rückblick steht im Zeichen einer Wirkungsgeschichte, der man sich nicht entziehen kann. Vor allem diejenigen nicht, die etwas probiert, erreicht und möglicherweise verspielt haben.

Warum ich darin ein methodisches Problem sehe, wird sofort klar, wenn ich Ihnen das Ergebnis mitteile, was dabei herauskommt, wenn man das Modell des Kairos auf den in Frage stehenden Vorgang vom unerhörten Aufstieg und stetigen Fall des deutschen Feuilletons anwendet. Ich nenne Ross und Reiter dieser, wie Paul Veyne sagen würde, wunderbaren historischen Intrige: Der priesterliche Inaugurator war der Flakhelfer Joachim Fest, der prophetische Führer der Zaungast Frank Schirrmacher, und die Vision, die den Kairos gewahr werden ließ, war die eines Generationswechsels im Gegenwartsbewusstsein der Bundesrepublik. Fest wollte die ihm verhasste 68er Generation überspringen, weil er deren Wirklichkeitsverachtung als existenziellen Angriff auf sein eigenes Wirklichkeitsverlangen verstand, und Schirrmacher erblickte in der Skepsis der Flakhelfer die Vorlage für seinen eigenen Durchbruch zu etwas Neuem jenseits der Dispositive und

Narrative einer erstarrten Kritik, die sich im Terror der siebziger Jahre längst vollendet hatte. Das Publikum konnte verfolgen, wie sich im deutschen Feuilleton ein Denken jenseits der Kritik durchsetzte, das das Erbe der Bundesrepublik mühelos mit den neuen Philosophien von der Unentscheidbarkeit der Interpretationen und der Uneinsehbarkeit des Beobachters verband. Es war ein neuer Geist, der dem Feuilleton eine neue Aufmerksamkeit bescherte. In diesem Geist ließen sich Debatten anders führen und Traditionen neu erschließen. Das Publikum wurde dabei zum Zeugen einer »geistig-moralischen Wende«, die Helmut Kohl zwar so gewollt, aber sich sicher so nicht gedacht hatte. Das ist jetzt schon Geschichte.

Wieso Kairos? Der Begriff des Kairos gehört zu einer Vorstellung der Geschichte, die den dynamischen, sich selbst transzendierenden Charakter der geschichtlichen Prozesse betont. Es geht um den ergriffenen Augenblick, den plötzlichen Umschlag, das ethische Jetzt. Wir sind gewohnt, das in Begriffen der christlichen Heilsgeschichte zu verstehen, aber es gibt diese Idee schon im griechischen Kontext.

In Olympia, in der Kultstätte von Zeus und Hera, stand die Bronzestatue des Kairos: ein junger Mann, der nackt auf den Zehenspitzen dahinläuft; an den Füßen hat er Flügel, in der Hand trägt er ein spitzes Messer, eine Haarlocke fällt ihm in die Stirn, und am Hinterkopf ist er kahl.

Dazu existiert folgendes Epigramm: »Wer bist du?« – »Ich bin Kairos, der alles bezwingt!« – »Warum läufst du auf den Zehenspitzen?« – »Ich, der Kairos, laufe unablässig.« – »Warum hast du Flügel am Fuß?« – »Ich fliege wie der Wind.« – »Warum trägst du ein spitzes Messer in der Hand?« – »Um die Menschen daran zu erinnern, dass ich spitzer bin als die Spitze.« – »Warum fällt dir eine Haarlocke in die Stirn?« – »Damit mich ergreifen kann, wer mir begegnet.« – »Warum bist du am Hinterkopf kahl?« – »Wenn ich mit fliegendem Fuß erstmal vorbeigeglitten bin, wird mich keiner von hinten erwischen, so sehr er sich auch müht.« – »Und wozu schuf dich der Künstler?« – »euch Wanderer zur Belehrung.« – Daher stammt das Wort: »Die Gelegenheit beim Schopf packen.«

Es bricht also etwas herein, das ergriffen, aber auch verpasst werden kann. In anderen Worten: Wir haben hier eine Verbindung von Konstellation und Akteur. Die Konstellation ist dadurch charakterisiert, dass von der Sache her das Notwendige im Kontingenten steckt. Wer sich nur an die eisernen Gesetze hält, verliert den Blick für die Gelegenheit. Vom einzelnen Akteur aus kommt es darauf an, den Augenblick des Griffs aufs Ganze zu erwischen. Also nicht nur im Beliebigen herumzustochern, sondern den Mut zu haben die Dinge zu steigern und auf den Punkt zu bringen.

Kairos ist die Zeit zu handeln, aber nicht nur, um die Gunst der Stunde zu nutzen, sondern auch und vielmehr, um das Richtige zu tun. Das macht den Unterschied zwischen dem reinen Gelegenheitsnutzer und demjenigen oder derjenigen aus, der oder die von einem möglichen Punkt ins Zentrum der Wirklichkeit zielt. In der Sprache der Ethik würde man sagen, der Kairos ist das Gute in der Dimension der Zeit: Man muss das Taugliche und Geeignete tun, aber auch die Sache vollenden und erfüllen. Das ist eine beträchtliche Anforderung an einen, der im Kairos steht: clever und klug zugleich zu sein. Schlau sein und sich fix geben, reicht eben nicht. Ob man scheitert, ermisst sich daran, ob man im Ganzen etwas geändert hat.

Dazu muss man offenbar die Zeichen der Zeit erkennen, um sich selbst zum Zeitgeist machen zu können. Der kommt nämlich nicht von selbst, sondern muss von Einzelnen mit den ihnen entsprechenden Gruppen durchgesetzt werden. Das ist die strategische Linie des Feuilletons. Gut schreiben können viele, aber den Punkt erwischen nur wenige. Wie macht man das?

Der Kairos ist zwar plötzlich, insofern er das zeitlose Umschlagen von bloßer Möglichkeit in definitive Wirklichkeit erfasst, folgt selbst aber wiederum einer eigenen historischen Dynamik, die man durchaus kennzeichnen kann: Es beginnt immer mit dem instinktiven Aufspüren von Möglichkeiten. Es liegt etwas in der Luft, aus dem man was machen kann. Dem folgt die kulminative Verdichtung dieser Möglichkeiten im Blick auf ihre Verwirklichung. Aus dem Gefühl, dass man etwas machen kann, muss die Entscheidung folgen, auch etwas zu tun. Damit wird die dritte Phase im Vorgang des Kairos eingeläutet. Das ist der Durchbruch der Fesseln des immer schon gegebenen Gesetzes. Man kann tatsächlich etwas machen, was jenseits des konventionellen Vorstellungsvermögens liegt. Und nach einer gewissen Zeit stellt sich heraus, dass es auch gemacht werden musste.

So liegt der Kairos den Propheten des Neuen näher als den Priestern des Gesetzes. Im Kairos, so Paul Tillich, kommt die prophetische Kritik an erstarrten Zuständen zum Ausdruck.

Zum Gewahrwerden eines Kairos braucht es freilich eine Vision, die sich nicht einfach aus objektiver Beobachtung ergibt, sondern existenzielle Beteiligungen erfordert. Im Kairos fühlen wir uns herausgefordert, irgendetwas Unbedingtes zu tun, zu denken oder zu fühlen. Diese Vision, die im Kairos liegt, lässt sich nicht auf objektive Gründe oder guten Willen reduzieren: Daher rührt der Eindruck, Zeuge und Agent eines Bruchs der Zeit zu sein.

Das Ganze ist natürlich ziemlich irrtumsanfällig. Der Kairos ist der Gefahr dämonischer Entstellung wie falscher Beurteilung ausgesetzt. Im ersten Fall entpuppt sich der Prophet des Neuen als ein Demagoge ältester Macht und Gewalt. Der Bruch in der Zeit kann das Zerbrechen einer zivilen Tradition mit sich bringen. Im zweiten Fall haben wir den Rufer einer glücklichen Lage, der sich im Nachhinein als lächerliche Gestalt herausstellt. Nicht das Ganze stand zur Disposition, sondern es ging lediglich darum, ein bisschen Theater für ein begieriges Publikum zu machen.

Hinterher sind wir natürlich klüger: Der Kairos war ein Irrtum – und zwar einfach, weil die Sache nicht stimmte oder die Folgen so nicht gewollt waren. Dann, nach den manischen Zeiten des Wechsels, haben wir uns in eine andere Vollzugsform der Zeit gerettet. In ruhigerem Fahrwasser erzählt man sich, was damals so alles möglich war und von heute aus ziemlich unglaubwürdig erscheint.

Denn die Geschichte bewegt sich bekanntlich nicht in gleichmäßigen Rhythmen: Manchmal geht alles unglaublich überstürzt vor sich, manchmal jedoch elendig ruhig und langweilig. Es gibt die Zeiten des schöpferischen wie des lethargischen Geistes. Wo keine Zeit zu handeln ist, regiert eine Schwundform des Kairos: Das ist das Event, das dadurch charakterisiert ist, dass ihm die Vision eines Einbruchs und die Erregung des Unbedingten fehlt. Wer hier zu spät kommt, den bestraft niemand. Die Events gehören zum Zeitrhythmus ewiger Permutationen, wo nichts passiert, weil immer alles passiert. Die Vision hat sich verbraucht, von Kairos keine Spur.

Es liegt auf der Hand, wie dieses Modell auf die glorreiche Phase des deutschen Feuilletons anzuwenden ist. Ich hatte Ihnen schon gesagt, wer die Tür geöffnet und wer den Schopf ergriffen hat. Ob der Förderer des Umbruchs heute noch mit dem Held des Wandels einverstanden ist, steht in den Sternen. Und natürlich stellt sich im Nachhinein die Frage, ob das alles ein großer Irrtum war. War die prophetische Vision eines Generationswechsels und die Idee, der Bundesrepublik eine andere »geistig-moralische« Geschäftsgrundlage zu geben, in der Sache falsch, oder hat sie Erwartungen geweckt, die sie am Ende nicht erfüllen konnte? An einen neuerlichen Aufbruch von gebildeten, frechen und hungrigen jungen Leuten mag in den Feuilletons jedenfalls heute niemand mehr glauben. Das hat nichts mit beschränkten Ressourcen oder bösartigen Unternehmensberatern zu tun. Der mobile Gelegenheitsgeist hat seinen Reiz verloren. Mit dekonstruktivistischem Augenzwinkern und systemtheoretischer Ironie kann man niemanden mehr hinter dem Ofen hervorlocken. Und die Skepsis der Bundesrepublik braucht, nachdem sich deren rebellische Klientel den Pragmatismus angeeignet hat, keine Verteidigung mehr. Man wartet heute vielleicht eher auf einen Grundsatzgeist, der das Jetzt nicht nur schafft, sondern für eine lange Zeit aushält. Ob es dazu allerdings für das Feuilleton reicht, Luhmann durch Ratzinger und Jacques Derrida durch Steven Pinker zu ersetzen, ist zu bezweifeln.

Strategien der Exposition

von Feridun Zaimoglu

In der Kunst der Verführung bringt es der Dichter bis zum Gesellenbrief, und er kann sogar, so ihm der Sinn danach steht, die Meisterwürde erlangen. Als Auffälligkeitsextremist weiß er das Publikum im Lesesaal auf seiner Seite, es verzeiht ihm allerdings nicht, wenn er sich in formalen Eroberungstaktiken versuchen sollte. Ein Auftrittscharme, vorm Spiegel eingeübt und zur Soldatenfratze geronnen, übersteht selten ein Dutzend Praxistests. Besonders in diesen Zeiten muss dem Dichter klar werden, dass er gegen große Münze Dienst tut – er bekommt gutes Geld dafür, dass er sich von der Einsamkeit freikaufen darf. Im Schauraum seiner Erweckung begegnen ihm Menschen, die schon bei sprödesten Zirkusnummern applaudieren, wie werden sie es ihm erst danken, wenn er endlich doch mal Scheu und Egowahn fahren lässt, wenn er den gähnenden Orchestergraben überspringt. Literatur ist Maulfutter, und also ist es mit Maulfrömmigkeit nicht getan. Der Dichter muss im Angesicht der Sitzreihen mit Freund und Feind sein Gutes wie sein Bestes geben, es kostet ihn keine übermenschliche Kraft. Am Ende aber, da er trotz einiger Mühen doch nicht von der Mehrheit der Zuhörer gemocht wurde, darf er nicht denken: »Das nächste Mal werde ich mit einem Vogelnetz über euch kommen, ihr seid mir meine Meute, und ihr verdient es wirklich nicht anders.« Man lässt ihn zu Wort kommen, dass er die angeregten Menschen vergessen mache, was sie außerhalb der Wände des Veranstaltungsortes erwartet. Weist er die Liebe der Zivilisten mit dem Hinweis ab, er könne nicht guten Gewissens Konfetti in die Augen streuen, wird man ihn zu Recht ein verzweifeltes Element des Systems nennen wollen. Der Dichter hat nicht das Recht, mit antidramatischer Geste gegen sein Publikum zu spielen – er darf betören und verschrecken, seine Literatur zur antitouristischen Grauzone erklären darf er aber nicht. Er ist gut beraten, bei einem Hütchenspieler für kurze Weile in die Lehre zu gehen, und dann kann er, so er denn guten Willens ist, das

Kunststück fertig bringen, sein Publikum zu lieben für Lob, für Schmach und Schande.

Wie geschieht dem Feuilletonisten angesichts eines Pathetikers, wie ich ihn gezeichnet habe? Vielleicht wird er dafür sorgen wollen, dass dieser dienstverpflichtete Irre auf keinen Fall durch den Sicherheitskordon schlüpft. Er solle schreiben, so wird er ihn zurechtweisen, der Dichter möge sich nicht mit einem Strohjunker der hymnischen Alltagsprosa verwechseln. Von großen Täuschern nimmt an Pfennigbuße, die kleinen Blender scheitern am Verriss des Kritikers. Die meisten Feuilletonisten, da bin ich mir wirklich sicher, sind für Schönheit empfänglich, ja sogar von Schönheit angetan. Auch die Dichter, die griesgrämigsten eingeschlossen, haben die Lust auf das Schöne, Gute nicht verloren, nach vielen Kinderspielen sind wir erwachsen geworden. Die Literatur, von der Erstfassung über die erste Lesung bis zur Buchbesprechung, ist eine romantische Disziplin – nicht einfach nur Mitteilung, nicht einfach nur die Darbietung des geschulten Personals aller Schichten. Als Ergriffener entdecke ich im Kritiker einen Schwärmer der subtilen Begierde, und es ist eben diese seine Lustverfeinerung, die mich wie viele andere meines Berufs auf Abstand gehen lässt – ich darf ihm nicht zu nahe kommen, ein Temperatursturz wäre die Folge, und der ungebrochene Eigensinn, dessen es braucht, um über eine sehr lange Strecke zu schreiben, würde eine heiße Affäre nicht überleben. Auch will ich es nicht den gemütlichen Überläufern gleich tun, jenen Kollegen, die die Literaturbewertung nicht mehr den Hauptberuflichen überlassen wollen. Fast immer bleibt der Dichter, so er die Seiten wechselt, ein Amateur, und er verbraucht seinen Glücksvorrat, wenn er sich zum Schutz- und Scharfrichter erhebt. Wer Lehrstreitigkeiten austrägt, statt in dieser Zeit ein gutes Poem oder eine straffe Geschichte zu schreiben, geht zuschanden. Es kann mich nicht anfechten, dass jeder Liebling des Feuilletons früher oder später mit den Kanonisten aller Couleur in Konflikt gerät: Der Materialabtrag ob einer Serie von Verrissen ist beachtlich, man brennt in einer kalten Hölle.

Und doch schafft ein solcher Dichter in Bedrängnis immer den nächsten Wurf, und die beste Medizin an diesen trostlosen Tagen trostloser Kritik ist ein Auftritt vor dem Publikum – die Lesung wirkt wie ein Abwehrzauber. Der Kritiker darf sich sicher sein, dass er mit bösen Worten trifft und beschädigt; der Dichter, dem die Worte gelten, macht im Falle einer Vorwärtsverteidigung keine bella figura, es ist, als wolle er auf ein Mündungsfeuer ansetzen. Man darf nie vergessen, dass ich und meine Kollegen ein Exoskelett der Empfindsamkeit als Ganzkörperlarve tragen – wer uns hart anfasst, bricht uns alle Knochen. Aber auch wir sind böse und verstehen uns in der Knastkunst der Ruppigkeit. Die sexuellen Anspielungen, Spottzeilen über unsere krummen Körper, Hinweise auf Herkunft und Sprachfehler nehmen wir dem Kritiker wirklich übel. Bald aber langweilen uns unsere Vergeltungsfantasien: Es ist einfach lächerlich, sich nach dieser und jener Seite abzusichern, ungeschützt schreibt sich's allemal besser. Am Ende des Tages weiß der Pathetiker, dass ihn die Helligkeit blendet, wann immer er ans Licht gezerrt wird – nur er kann nicht anders: Er liebt das romantische Wesen der Literatur.

Augenblick und Archiv

von Moritz Baßler

»But the real news, the big thing, whether it's in the magazines or the newspapers or on TV, is the Now«. Andy Warhol hat es geschafft, das emphatisch Gegenwärtige der Medien- und Warenindustrie in einem anderen System zu aktivieren, in dem der Kunst. Das Neue, so Boris Groys, ist nämlich »nur dann neu, wenn es nicht einfach nur für irgendein bestimmtes individuelles Bewusstsein neu ist, sondern wenn es in Bezug auf die kulturellen Archive neu ist.« Die aus dem profanen Raum des Küchenschrankes vertraute Campbell-Dose ist für den Galeriebesucher im Jahre 1960 ein Schock, seither aber fester Bestandteil unseres kulturellen Archivs. Der tödliche Unfall ist mit der nächsten Ausgabe der Tageszeitung vergessen, sein Siebdruck-Monument jedoch wird von der Gesellschaft valorisiert und folglich überführt in eine ewige Zeitgenossenschaft, in der das Pathos des Augenblicks aufgehoben ist.

Lässt sich dieses Modell auf das Verhältnis von Literatur und Feuilleton übertragen? Dergestalt, dass das Feuilleton von einem Jetzt zum Nächsten springt, eine literarische Praxis aber, die feuilletonistische Verfahren zur Produktion von Romanen einsetzt, diese Flüchtigkeit in haltbare Einträge ins kulturelle Archiv ummünzt? Die Literatur von Autoren wie Thomas Meinecke, Joachim Lottmann, Thomas Kapielski, aber auch Christian Kracht, Sibylle Berg oder Benjamin von Stuckrad-Barre beruht ja auf einer Adaptation feuilletonistischer Schreibweisen. Allerdings arbeitet bereits das Feuilleton selbst unter doppelter Bedingung: Seinem Aktualitätsbezug steht eine gewisse Freistellung vom reinen Informationszwang der übrigen Zeitungsteile gegenüber. Es darf einerseits mit einem Leser rechnen, der die Enzyklopädie des Augenblicks kennt und bei der Lektüre aktiviert. Andererseits schätzt der Feuilletonleser ein gewisses Maß an schöpferischer Sprachgestaltung, an rhetorischem Überschuss. Feuilletons drechseln äußerst kunstvolle und damit potenziell dauerhafte Syntagmen vor einem je aktuellen und damit potenziell flüchtigen paradigmatischen Hintergrund. Das ist der Grund, weshalb sie sich so wunderbar zur Erstvertextung von Gegenwartsbefunden eignen. Nur besteht eben die Gefahr, dass diese Erstvertextung, so gelungen sie sein mag, nicht ins Archiv kommt und also vergessen wird.

In den online-Archiven der Tageszeitungen lässt sich halt nur nach Sachthemen recherchieren; für originelle Formulierungen und Texturen, für gelungene Texte gibt es leider noch keine Suchbefehle (außer vielleicht den Autornamen). Dagegen werden Sachbezüge im Archiv der Kunst und Literatur allein dadurch auf Dauer gestellt, dass sie gut vertextet, Teile eines aufbewahrenswerten Kunstgebildes sind. Die langwierige Rückreise eines archaischen Kriegsteilnehmers, der 16. Juni 1904 in Dublin oder die Brausepulver-Tütchen der vierziger Jahre verdienten für sich genommen kaum mehr Pathos als andere Augenblicke. Sie sind allein deshalb fest in unser kulturelles Langzeitgedächtnis eingeschrieben, weil Homer, Joyce und Grass sich ihrer angenommen haben. Und es ist zumindest nicht ausgeschlossen, dass Meinecke, Goetz oder Stuckrad-Barre einen ähnlichen Archivierungseffekt bewirken für ehemalige Träger von Augenblickspathos, etwa die Gender-Theoreme Judith Butlers, den Rave oder den Chrunchips-Song. Sollte das so sein, dann jedoch nicht durch ihre Feuilletons. Deren Qualität ist zwar in Bänden wie *Mode und Verzweiflung, Der gelbe Bleistift, Gold* oder *Remix* inzwischen bestens dokumentiert, doch gelten offenbar erst die traditionellen literarischen Gattungen als kanonisierbar und archivwürdig, kurz: als KUNST.

Und das ist doch zumindest merkwürdig. Hat nicht die E-Literatur, der dieser Gattungskanon entstammt, den Anspruch, ein gewichtiges Medium unseres kulturellen Langzeitgedächtnisses zu sein, längst verspielt? Wer, außerhalb des Kulturbetriebes im engeren Sinne, hat vor dem Boom der Popliteratur Ende der Neunziger schon freiwillig deutsche Gegenwartsliteratur gelesen? Deren feuilletonferne Schreibweisen wollten ihren Anspruch auf Zeitlosigkeit ja gerade dadurch manifestieren, dass sie auf die Verwendung von Vokabular aus der Medien-, Waren- und Popwelt möglichst vollständig verzichteten. Sie wollten sozusagen unmittelbar im Status von Klassikern in die Welt treten, ohne sich mit den trivialen, anrüchigen und flüchtigen Gegebenheiten des profanen Raumes zu beflecken, das heißt aber auch: ohne die besagte Archivierungsleistung von Gegenwart zu erbringen.

Sofort ein Kafka, Goethe, Shakespeare sein – ein Irrtum, auch nach Maßgabe neuerer kulturwissenschaftlicher Literaturwissenschaft, die im Gegenteil intensive Zeitbezüge gerade im Werk unserer Klassiker zutage gefördert hat (man denke an Stephen Greenblatts *Verhandlungen mit Shakespeare*). Man kann die Verweigerung eines zeitgemäßen Vokabulars mit Markennamen, Popmusiktiteln und Figuren der gegenwärtigen Öffentlichkeit als ein etwas unbeholfenes Mittel kultureller Distinktion belächeln – auf Dauer aber ist sie für die Literatur fatal. Die Grenzen unserer Sprache sind bekanntlich auch die Grenzen unserer Welt, und eine Literatur, die ihre Grenzen gegenüber dem dominanten System der Kultur dicht macht, disqualifiziert sich als Medium kultureller Archivierung.

Unter der Hand haben die klassischen Künste ihre interdiskursive Funktion, Horte des kulturellen Gedächtnisses zu sein, verloren und sind selbst zu Spezialdiskursen geworden. Ihre ehemals vornehme Aufgabe, die Archivierung und Bewertung von Gegenwartskultur, haben in unseren westlichen Gesellschaften die Massenmedien übernommen. Und deren ureigener Maßstab der Valorisierung ist nicht mehr formale Qualität, sondern Aktualität, also die Fähigkeit, Aufmerksamkeit zu erregen. Die Künste selbst – das zeigt das Beispiel der Pop Art ebenso wie das der jüngeren Popliteraten – müssen sich zumindest partiell diesem Gesetz des NOW verschreiben, wenigstens einmal Medienereignis werden, wenn sie den Anschluss an die Gegenwart nicht verlieren wollen. Zumindest dem literarischen Buch aber ist – nach Ableben des »Literarischen Quartetts« und trotz Dennis Scheck und Elke Heidenreich – immer noch das Feuilleton jener Ort, an dem es seine 15 Warholschen Ruhmesminuten erhoffen darf. Die Frage wäre demnach, ob heute tatsächlich das Feuilletonistische noch der Literatur bedarf, um valorisiert und damit auf Dauer gestellt zu werden, oder ob nicht vielmehr umgekehrt die Literatur einer Valorisierung durch das Feuilleton bedarf, um überhaupt kulturell wahrgenommen zu werden.

Nun gilt freilich für das Feuilleton in gemilderter Form Ähnliches wie für die Literatur. Zweifellos ist es in vielen Zeitungen der Ort, an dem Gegenwarts- und Populärkultur überhaupt diskursfähig wird. Das kann aber nicht darüber hinwegtäuschen, dass viele Feuilletons zum Teil bis heute Horte eben jenes abgekoppelten Hochkultur-Diskurses sind, der für die Literatur zur Falle geworden ist. Bereits das normale Feuilleton gilt ja als der weniger ernste Teil der Zeitung und verdankt diesem etwas dubiosen Status seine Freiheiten. Das gilt aber noch in Potenz für diejenigen Feuilletons der letzten Jahre, die tatsächlich literarisch relevant geworden sind. Sie erschienen häufig genug in den Outskirts der Presselandschaft, in Organen mit allenfalls mäßiger allgemeinkultureller Autorität wie »Titanic«, »Allegra«, »Spex«, »de.bug« oder in Webpublikationen wie den »Höflichen Paparazzi«. Wenn sie es bis in die größeren Blätter geschafft haben, dann zumeist auf die Witzseite, in Jugendbeilage, Sonntagsausgabe oder kurzlebigen Berlin-Teil. Was man als Intellektueller halt so liest.

Dass derart zu Kultur minderer Güte marginalisierte Schreibweisen der guten alten Literatur noch einmal zu einer erfolgreichen Frischzellenkur verhelfen würden, stand kaum zu erwarten. Dass es dennoch so gekommen ist, empfinde ich als ausgesprochen positives Zeichen. Es zeugt doch vom verbreiteten Bedürfnis nach einem Medium, das innerhalb der ausdifferenziertesten Kulturlandschaft, die es je gab, keine Spezialdiskurse bedient, sondern interdiskursiv eine Bestimmung der Bedeutung der Teile für das Ganze wenigstens versucht. Die Popromane haben ja die Medien- und Warenwelt auch in Beziehung zu ihren Bewohnern gesetzt und gewertet. Wie Warhol haben sie Popkultur nicht bloß archiviert, sondern auch mitgeneriert. Das Feuilleton muss nicht selbst Pop werden, aber es ist seine Aufgabe, das Gelingen und Misslingen solcher Verhandlungen in den anderen Künsten reflektierend und urteilend zu begleiten, es für unser kulturelles Kurzzeitgedächtnis aufzubereiten. Und es ist darüber hinaus doch auch selbst ein ausgezeichneter Ort für solche *negotiations*, für ethnologische Exkursionen in die Mysterien der eigenen Kultur, wie Heinz Bude sie gefordert hat. Denn eben das ist doch Kultur: Kontakt, Verhandlung, Austausch zwischen den Disziplinen und medialen Sphären. Dass Literatur und Feuilleton sich dem stellen, dass sie ihre Repräsentations- und Analysekompetenz im permanenten Austausch mit der Populärkultur bewahren und schärfen, dass sie Kulturtagebuch führen, ist die Bedingung ihrer kulturellen Bedeutung überhaupt.

Wenn die Frage lautet, was die Rezension einer »Rigoletto«-Inszenierung eigentlich noch mit kritischer Öffentlichkeit zu tun habe, so kann die Antwort nur lauten: eine Menge! Schließlich wird sie davon handeln, was sich derzeit öffentlich repräsentieren lässt und wo Repräsentation auf gesellschaftlichen Widerstand stößt, sie wird Gender-Aspekte und aktuelle Konstellationen von Dominanz und Unterwerfung herausarbeiten, jene Attribute und Mechanismen diagnostizieren, über die Peer Groups sich und ihre Umwelt derzeit definieren. Kurz: schlichtweg alles, was eine kritische Öffentlichkeit jenseits institutionalisierter Staats- und Parteipolitik ausmacht, kann hier zur Sprache kommen. – Wie bitte? Die »Rigoletto«-Inszenierung gibt das nicht her, zumindest nicht in einem gesellschaftlich oder ästhetisch relevanten Maße? Ja, dann muss man halt über jene Phänomene schreiben, in denen all dies vorkommt: über das Rammstein-Video, die Bier-Reklame, die »Harald-Schmidt-Show« oder den »Tatort« von gestern, die neue Platte von »Wir sind Helden« oder die Rückkehr des silbenzählenden Prinzips in die Lyrik. Das Gemeinsame des feuilletonistischen Interesses liegt ja nicht im Kanonischen der kulturellen Gegenstände, sondern in ihrer Bedeutung für unser Leben und unsere Öffentlichkeit. Diese Bedeutung herauszustellen, ist Kompetenz und Aufgabe des Intellektuellen.

Diskussion

Gustav Seibt: Historisch betrachtet, leben wir in einer sehr ungewöhnlichen Situation, nämlich in einer Bildungswelt, die achtzig Jahre zurückreicht. Die schiere Dauer dieser Phase muss gewiss auch eine Rolle spielen, wenn es um eine Erklärung für den Enthusiasmus des Popjournalismus für den Augenblick geht. Tatsächlich sind wir umgeben von lauter Vaterfiguren aus der frühen Bundesrepublik, Enzensberger, Walser, Grass, und wir nehmen sie unter den Paradigmen der Nationalschriftstellerei wahr, wie diese fraglos noch von Thomas Mann verkörpert worden ist. Und vielleicht ist dieses Verhältnis auch Quelle einer Ungerechtigkeit gegenüber jüngeren Autoren, die diese Haltung gar nicht mehr einnehmen wollen.

Jürgen Kaube: Mir scheint es doch wichtig zu sein, einen Gedanken von Lothar Müller in Erinnerung zu rufen, und zwar, dass es eine Art von Ereignis unterhalb der Ereignisse gibt, eine Art von Struktur, die Ereignisse trägt, und dass es eine der vordringlichen Aufgaben des Feuilletons sei, diese Strukturen herauszuarbeiten, ganz gleich, ob es dabei nun um den 11. September geht oder um das plötzliche Auftauchen von Händel-Opern an allen bedeutenden Spielorten in Europa. Hier fehlt unserem Feuilleton etwas, und dieser Mangel ist von entscheidender Bedeutung, weil es dabei um eine Kernkompetenz des Feuilletons geht. Woran kann das liegen? Ein Grund scheint mir zu sein, dass eine bestimmte Quelle der Inspiration versiegt ist, ein strukturelles, analytisches Denken, das zum Beispiel mit Hans Blumenberg, Arno Borst oder Reinhart Koselleck verknüpft war. Oder verblasst hier gar die Sphäre selbst? Steht im Hintergrund, dass man von der Kunst nicht mehr viel erwartet, dass man von ihr keine großen Fragestellungen vergleichenden Typs fordert und insofern ganz froh ist, dass es alle paar Jahre einen neuen Grass gibt, der einen der Frage nach dem Standort des Erzählers im Roman enthebt? Denn man hat dann ja genug zu tun – und man muss sich nicht mehr um Fragen der Theorie bemühen.

Ursula März: Auch ich bin freie Mitarbeiterin, auch ich werde morgens früh um neun angerufen mit einem Kompliment, das ich nicht mehr schätze: Frau März, Ihnen fällt doch immer etwas ein. Wenn Möllemann stirbt oder Lance Armstrong vom Fahrrad stürzt – ich muss ran. Das Verhältnis des Feuilletons zur Aktualität ist mir daher vertraut, und ich habe in den vergangenen Jahren eine Veränderung bemerkt: die Umfärbung des großen Kapitals des Feuilletons, nämlich der Reaktionswachheit, in einen Reaktionszwang. Zum einen besteht dieser Zwang in der Verpflichtung der Feuilletons, aufeinander zu reagieren, zum anderen in der Verpflichtung, es mit äußeren Ereignissen aufzunehmen – während es doch früher auch ein Privileg des Feuilletons war, sich Ereignisse ausdenken zu können. Dieser Zwang dämpft die feuilletonistische Phantasie. Ich vermute aber, dass sich auch die ökonomische Krise der Zeitungen in diesem Zwang bemerkbar macht, nämlich in der Verpflichtung, dabei zu sein, etwas zu sagen zu haben, denn die anderen haben ja auch etwas zu sagen.

Gustav Seibt: Auch ich bin ein freier Autor, auch ich bekomme Anrufe wie Ursula März oder Burkhard Müller. »Herr Seibt, Sie haben sicher schon gehört, was mit Michel Friedman geschehen ist.« – »Nein.« – »Ja, er hat gekokst« – »Ist mir doch egal.« – »Ja, gerade weil es Ihnen egal ist.« Das hat viel mit dem zu tun, was Lothar Müller als disziplinäre Schwäche beschrieben hat. Daraus resultiert ein System von Querbesetzungen, das meiner Ansicht nach nur eine Konsequenz eines anderen unheilvollen Prinzips darstellt, nämlich des Prinzips des symbiotischen Besetzung – also der völligen Ausschaltung des Denkens. Das ist eine Art von Feuilleton, in der nur noch mit Namen oder mit Duftnoten gearbeitet wird, in der die freien Mitarbeiter eines Feuilletons zu Spielmäusen werden, die aufgezogen werden und einmal über den Teppich laufen dürfen. Und es wäre vermessen zu glauben, das Pop-Feuilleton, also das Feuilleton des Lebensgefühls, habe keine Auswirkungen auf dergleichen theorieferne Aktivitäten gehabt. Es hat sie dezidiert gefördert. Ich will nicht vom Feuilleton der achtziger Jahre reden, also von den Zeiten, als in der »tageszeitung« fünfspaltige Aufmacher über Jacques Derrida erschienen. Aber es kommt mir vor, als machten wir uns derzeit dümmer, als wir eigentlich sein müssten.

IV Das Feuilleton und die Leser – das zynische Feuilleton

Kritik des Augenblicks

von Lothar Müller

Nichts, sagt ein altes Bonmot, ist so alt wie die Zeitung von gestern. In diesem Satz, von dem ich nicht weiß, wer ihn wann zum ersten Mal formuliert hat, spuken Gedankenfiguren des 19. Jahrhunderts. In den Begriff von Aktualität, den er dem Medium »Tageszeitung« zuspricht, geht eine Theorie der Beschleunigung ein. Tagesaktuell ist, was in besonderem Maße der Beschleunigung des Veraltens unterliegt, sagt der Satz, und von da ist es nicht weit zu der Zuspitzung: Tagesaktuell ist, was morgen schon vergessen ist.

Die Tageszeitung, sagt das Bonmot, ist ein flüchtiges Medium, zum Vergilben im Archiv verurteilt, während das Buch in die Bibliothek eingeht, um dort das Bündnis mit der Zeit als Dauer zu schließen. Und der Leser der Tageszeitung kann der Adressat dieses Mediums nur deshalb sein, weil er selbst ein Kind der Beschleunigung ist: Im Rhythmus seines Zeitungskonsums wächst seine Fähigkeit mit, das schnell Gelesene schnell wieder zu vergessen.

Ich verzichte darauf, das Bild der Tageszeitung als monadisches Medium, das sternschnuppenhaft aufleuchtet und verglüht, weiter auszumalen. Denn ich glaube, dass es nicht stimmt, weil es zugunsten seiner polemisch konstruierten isolierten Monaden, die dem Vergessen anheim fallen, dreierlei übersieht:

a) Das serielle Prinzip des täglichen Erscheinens produziert nicht nur das schnelle Veralten der Zeitung, sondern zugleich einen neuen, spezifisch modernen Typ von Dauer und Kontinuität; er fällt, durch die einzelne Ausgabe hindurch, dem Medium Tageszeitung als Effekt des Seriellen zu. Die Philosophie hat im 19. Jahrhundert den Begriff Zeitgeist geprägt, das Staccato der Zeitung seine alltägliche Gestalt.

b) Die plastische Kraft, die den scheinbar flüchtigen Medien der ewigen Wiederkehr des Neuen innewohnt, erschöpft sich nicht darin, dem Tagesgeschehen eine Form zu geben. Indem die Zeitung den Rohstoff Nachricht nicht etwa nur aufnimmt, sondern zugleich produziert und durch Kommentar, Kritik und Leitartikel bewirtschaftet, produziert sie nicht nur diese oder jene schnell vergessene Sensation, sondern zugleich die Kontinuität der Hohlform Aktualität als spezifisch modernen Typ sowohl der Erwartung wie der Erfahrung und wird so zu einer der prägenden Instanzen des Alltagsbewusstseins. Wie der Roman der Neuzeit sowohl die Erwartung wie die Erfahrung von »Liebe« definiert und codiert hat, haben die Zeitungen seit dem 19. Jahrhundert von Unfällen nicht nur berichtet, sondern zugleich sowohl die Erfahrungs- wie die Erwartungsformen von »Unfall« im modernen Bewusstsein definiert und codiert.

c) Die inneren Schichtungen im scheinbar homogenen Medium Tageszeitung gehorchen nicht insgesamt den Imperativen der Tagesaktualität. Es ist eine Legende, dass die Tageszeitung, weil täglich erscheinend, nur ein Zeitmaß und ein Zeitklima kennt, das von der ersten bis zur letzten Seite gilt. Charakteristisch für ihre Geschichte ist vielmehr die Auffächerung und Tiefenstaffelung von Aktualitäten. So sind die Tageszeitungen zum Beispiel Schauplätze nicht nur der ewigen Wiederkehr des Neuen, sondern auch der ewigen Wiederkehr des Alten. Das Feuilleton als literarisches Genre wie als eigenes Ressort innerhalb der Zeitung ist an den Prozess dieser Auffächerung von Aktualitäten gebunden.

Für die Schichtungen von Aktualität in der Tageszeitung sind die Montagsausgaben ein gutes Beispiel. Zumal dann, wenn der Sonntag ein Wahlsonntag war. Denn an einem solchen Montag tritt der Typus der schnell veraltenden Aktualität in Reinform hervor, und zwar an denkbar prominentester Stelle: auf der ersten Seite der Tageszeitung, im ersten Buch. Beim Blick auf die Hochrechnungen vom Vorabend kennt der Leser aus den elektronischen Medien schon das amtliche Endergebnis.

Nun war aber der Sonntag womöglich nicht nur ein Wahlsonntag, sondern der Samstag davor zugleich ein Bundesligasamstag. Damit kommt in derselben Ausgabe ein zweiter Typus von Aktualität ins Spiel. Der Sportteil in der Montagsausgabe einer Tageszeitung ohne Sonntagsausgabe kann kaum mit Neuigkeiten aufwarten. Die überwiegende Mehrheit der Bundesligainteressierten kennt seit Samstagabend nicht nur die Ergebnisse, sondern auch die strittigen gelben, gelbroten Karten, Elfmeter, Abseitsentscheidungen etc. Die Sportteile der überregionalen Tageszeitungen ziehen daraus eine offensive Konsequenz: Sie präsentieren Ergebnistabellen und sind im Übrigen erkennbar in dem Bewusstsein ihrer Verspätung geschrieben. Ihre Spielberichte sind nicht nur Spielberichte. Ihr Zentrum ist nicht der nachrichtliche Kern, sondern zum einen das narrative Potenzial des Sports, zum anderen sein Charakter als Ressource von Reflexionsanlässen. Die Kombination beider Elemente – des ästhetischen und des analytischen – prägt den Stil der offensiv verspäteten Bundesligaberichterstattung. Dieser Stil, ein rhetorischer Verwandter sowohl der politischen Glosse wie der ästhetischen Kritik, nicht der Rohstoff der Nachricht ist ihr wichtigstes Kapital. Kurz, der gelungene Sportteil vom Montag ist ein Verwandter des Feuilletons.

Der frühere Redaktionsschluss des Feuilletons gegenüber der Politik ist ein äußeres Zeichen seiner geringeren Verpflichtung auf die Tagesaktualität. Doch kennt auch das Feuilleton den Typus der unaufschiebbaren Aktualität, nennen wir sie die »dpa-Aktualität«: Dazu gehört der Nachruf auf den bis ca. 14 Uhr prominenten Gestorbenen. Es lebt aber zugleich davon, dass es noch die härteste Nachricht narrativ und reflexiv überformt. Auch durch den Nachruf auf den zwei Stunden vor Redaktionsschluss gestorbenen Autor oder Komponisten darf es das »Munzinger«-Skelett nicht als dominante Struktur hindurchschimmern lassen. Wenn dem Feuilleton ein Nachruf jenseits dieses Schimmerns nicht möglich scheint, bescheidet es sich mit einer Meldung und der Klammer (Nachruf folgt). Es befolgt die Imperative der Tagesaktualität elastisch.

Das Feuilleton ist, so ein Konsens seiner Beobachter seit den siebziger Jahren des zwanzigsten Jahrhunderts, innerhalb der Zeitung der Spezialist für Universalisierung. Nichts und niemand ist vor ihm sicher. Es lebt vom Kraut und Rüben nicht nur der Themen, sondern auch der Zeiten.

Das Feuilleton ist innerhalb der Tageszeitung das Zentrum des alltäglichen Historismus, der ewigen Wiederkehr des Alten. Es gilt, grosso modo, das Gesetz: Was tot ist, fällt über kurz oder lang ans Feuilleton. Genscher, Schmidt oder Geißler werden an runden Geburtstagen im politischen Teil der Tageszeitung gewürdigt. Auch der Wirtschaftsteil bringt Porträts und Gedenktagswürdigungen in ressortkonformer Beschränkung. Der Gedenkkalender des Feuilletons aber ist ressortübergreifend. Man findet hier

Machiavelli, Clausewitz, Adam Smith oder auch Keynes neben Repräsentanten der Musik, Literatur und anderer Künste.

Die unauffällige Aktualität der Chronik der laufenden Ereignisse ist das Rückgrat der klassischen Ressorts. Sie ist die Ressource für die Alltagsform der Aktualität des Feuilletons. Sie ist das Feld, auf dem sich die ästhetische Kritik zu bewähren hat, nicht zuletzt in der Scheidung dessen, was der Fall ist, von dem, was aktuell ist. Dieser Dienstleistungsfunktion des Feuilletons als Vorkoster des Publikums entspringt die traditionell starke Stellung der Genres Rezension und Kritik als seiner Grunddisziplinen.

Als Disziplin sowohl innerhalb wie oberhalb der Werk- oder Aufführungskritik hat das Feuilleton zudem die zeitdiagnostische Reflexion ausgeprägt. Ihr Gegenstand ist weniger das Ereignis als die Tendenz oder der Trend, der sich daran ablesen lässt. Es gibt drei stoffliche Hauptressourcen für die plastische Formung von nachrichtlichem Rohstoff zur Behauptung zeitdiagnostischer Aktualität: die Politik einschließlich der Zeitgeschichte, die Wissenschaft einschließlich der Technik und die Mode einschließlich des Lebensstils. Zu diesen und verwandten stofflichen Ressourcen von Aktualität kommt im Feuilleton ein elementares methodisches Prinzip der Generierung von Themen hinzu: die in den letzten Jahrzehnten zur Virtuosität gereifte Crossover-Reflexion, das Zappen zwischen traditionell geschiedenen kulturellen Sphären. Die viel beredete Dichotomie von U- und E-Kultur ist dafür nur eine Motivquelle, die strategische Unschärfe des Pop-Begriffes eine andere. Die ästhetische Kritik der klassischen Ressorts, die gewohnt war, im Horizont der Geschichte und Theorie ihrer jeweiligen Kunst zu argumentieren, hat eine starke Rivalin erhalten.

Die Crossover-Kritik ist dies nicht nur im Blick auf die Heterogenität ihrer Gegenstände, sondern zugleich und vor allem in ihren Verfahrensweisen, die aus dem Geist der Bricolage geboren sind: Begriffe aus Mythenanalyse und vergleichender Religionsgeschichte werden auf Sport und Politik, die Strategien des an kanonischen Texten entwickelten, subtilen »close reading« auf »casting shows« angewandt. Hierzu könnte ein künftiger Pressehistoriker der Bundesrepublik in den Wanderungsbewegungen des Theorems von den »Zwei Körpern des Königs« durch das Feuilleton der achtziger und neunziger Jahre eine exemplarische Studie erstellen. Ich glaube nicht, dass dieser Typus von Kritik ein illegitimer Rivale der ästhetischen Kritik ist. Er ist nur jünger und darum derzeit noch sehr viel mehr mit der Erprobung seiner Möglichkeiten als mit der Reflexion seiner Grenzen beschäftigt und kultiviert deshalb gelegentlich den auftrumpfenden Gestus eines Halbstarken.

Mit dem Aufstieg zum einen der Crossover-Kritik, zum anderen der festen Etablierung der Medienseiten, die meist in unmittelbarer Nähe des Feuilletons platziert sind, hängt ein Phänomen zusammen, das die Tendenz des Feuilletons zur Universalisierung seiner Zuständigkeiten an ihren Fluchtpunkt führt. Es hat sich nicht nur die Sphären Politik, Wissenschaft, Mode, Wirtschaft erschlossen, sondern darüber hinaus all jene Phänomene, die früher *faits divers* hießen. Es ist dies kein Sündenfall des »postmodernen«, sondern ein Erbteil des klassischen Feuilletons, übrigens auch der Literatur des 19. Jahrhunderts. Das Vermischte in Gestalt von Maschendrahtzäunen, Florida-Rolf und Oliver Kahns Geliebter braucht nur den Schwung einer eleganten Crossover-These – schon hat es das Zeug zum Aufmacher im Feuilleton.

Man kann diesen Befund auch umgekehrt formulieren und sagen: Es gibt keine spezifischen Glossenstoffe mehr. So wie die Glossenformate ganze Regionen der Tageszeitungen und ihrer Wochenendbeilagen prägen, so ist der Geist der Glosse in die Feuilleton-Aufmacher eingewandert. Die Synthese aus dem Rohstoff der faits divers, der Infinitesimalvirtuosität des methodischen Crossover und des universalisierten Glossentons ist als prägende Kraft im derzeitigen Feuilleton unübersehbar. Das zeitdiagnostische Räsonnement und die Erschließung von Crossover-Ressourcen haben sich im Feuilleton zu dominanten Strategien der Aktualitätssetzung zusammengeschlossen.

Ich glaube nicht, dass dagegen die Empfehlung einer Rückkehr zum so genannten »Rezensionsfeuilleton« eine Chance hat. Chancenreich ist allenfalls die Ausprägung eines konkurrierenden Typus von Aktualität und Zeitdiagnostik. Er müsste oberhalb der Ebene des auf Einzelwerke bezogenen Rezensorischen in den klassischen Ressorts angesiedelt sein, aber aus dem Geist der klassischen Ressorts hervorgehen. Dieser Typ von Artikel und vor allem von thetischem Aufmacher ist das, was dem Feuilleton derzeit fehlt. Einer der Gründe dafür ist die Erschöpfung der auf den Bahnen der Frankfurter Schule argumentierenden Kulturkritik. In der Leerstelle, die die Kulturkritik hinterlassen hat, fungiert bisher die universalisierte Glosse als Platzhalter.

Es hilft nichts, über die Boulevardisierung des Feuilletons zu lamentieren, wenn die ästhetische Kritik in der Rivalität um die Definitionen von Aktualität und Zeitdiagnose gar nicht erst antritt. Wenn sie über das Theater kaum ästhetische, sondern vorzugsweise Generationendebatten führt. Wenn sie darauf verzichtet, der Crossover-Begeisterung über Mediensymbiosen und Entgrenzungen resolute Antipolemiken gegenüberzustellen, die auf den Grenzen der Künste beharren. Wenn sie dem Close reading des Trivialen nicht gelegentlich mit flüssig formulierten Plädoyers für die Unverständlichkeit in die Parade fährt. Kurzum, es fehlt derzeit dem Aufmacher zur jüngsten Castingshow, zur Rentenpolitik oder New Economy im Feuilleton das Gegenüber: Der Aufmacher über den Standort des Erzählers im zeitgenössischen Roman, über den Stand der Schauspielkunst oder die Kunst, Schiller zu sprechen, auf deutschen Bühnen, über die ästhetischen Konsequenzen des Abschieds, den derzeit Film und Fotografie zugunsten der digitalen Bildproduktion von der Chemie und der Belichtung nehmen. Mag sein, dass das alles irgendwo vorkommt. Aber prägende Kraft gewinnt es im Feuilleton erst, wenn es sich in der Rivalität um die Setzung von Aktualität behauptet. Dafür zu sorgen, ist derzeit die Hauptaufgabe ästhetischer Kritik.

Feuilleton, Reklame, Zielgruppe

von Johan Schloemann

Das Feuilleton soll zynisch sein? Was soll man denn dann über die Kommunikationsbranche, über Werbung und PR sagen? Gilt diese Welt doch als die zynische schlechthin – mit oder ohne den entsprechenden Roman von Frédéric Beigbeder –, als Raum der vollständigen Austauschbarkeit, ein Raum, in dem es gänzlich bedeutungslos ist, ob man sich gerade für Waschmittel, für einen Industrieverband oder für den Kinderschutzbund stark macht. Vielleicht gerade deshalb, weil dem Feuilletonisten und seinen Themen immer auch eine ähnliche Austauschbarkeit droht, blickt er mit großer Skepsis auf diesen anderen Raum. Denn er, der Feuilletonist, muss zumindest für den Augenblick des Tages voraussetzen, dass er gerade nichts Austauschbares produziert, sondern etwas von Wahrheit, von Kunstwert oder von Bedeutung für die aktuelle Debatte. Er muss sich täglich selbst erhöhen, während man sich dort in der anderen Welt, so sein Eindruck, täglich selbst erniedrigt. Diese Abgrenzung ist wohl durch die Öffnung und das Ausgreifen des Feuilletons eher schärfer geworden, seitdem also das Feuilleton selbst sämtliche Themen behandelt. Unter diesen Umständen muss sich der Feuilletonist erst recht bemühen, nicht zum Texter zu werden, sondern Autor zu bleiben.

Wie verhalten sich diese beiden Sphären zueinander? Das sichtbarste Produkt der Kommunikationsbranche ist die Anzeige. Zwar wusste der Journalist immer, dass sich seine Zeitung zu einem substanziellen Teil mit Anzeigen finanziert, aber besondere Auswirkungen auf sein Verständnis der Zeitung oder der Bedingungen journalistischen Arbeitens hatte diese Erkenntnis lange Zeit nicht. Die Anzeigen waren anonyme Blöcke, um die herum man seine Zeilen laufen ließ. Auf den Seiten des Feuilletons gab es ohnehin immer weniger Anzeigen als in den anderen Ressorts, und so nahm auch der Kulturredakteur diesen Fremdkörpern gegenüber die beschriebene Haltung ein, ja steigerte sie gelegentlich sogar zu dem Empfinden, die Anzeigen als Belästigung anzusehen. Beschränkte doch die Werbefläche die Freiheit, die Spielfläche des Schreibens, stellte einen auch ästhetisch riskanten Einbruch der kommerziellen Welt dar. Dass die Tanzkritik und die Literaturrezension durch die Anzeige für einen Führungsposten in der mittelständischen Industrie oder die Anzeige für badischen Wein überhaupt erst ermöglicht wurde, dieser Gedanke war dabei wenig präsent. Die Gefahr einer Belästigung durch Anzeigen ist bekanntlich ein Problem, von dem Feuilletonisten derzeit weitgehend befreit sind. Umso dringlicher sind ihnen dafür in letzter Zeit die ökonomischen Bedingungen ihrer Arbeit vor Augen geführt worden.

Dies war wohl nur deshalb eine so jähe Überraschung, weil die erwähnte Entkoppelung von der Wirtschaft zuvor so konsequent und so verbreitet zugelassen war. An einigen Stellen hatten diese Umstände ja sogar einen Typus generiert, den man den Luxus-Feuilletonisten nennen könnte, den Redakteur also, der trotz fester Anstellung lediglich alle paar Wochen einmal einen Essay verfasste. Das Medienunternehmen wurde zum intellektuellen Schutzraum. Ein Ausdruck dieser Distanz zum Kommerz und ein fundamentaler Unterschied zur Kommunikationsbranche ist das verschiedene Verhältnis zu dem, was diese die Zielgruppe nennt. Die Werbe- und PR-Profis – dies ist übrigens eine Benennung, die man für die Feuilletonisten nie anwenden würde, niemand würde sie als »Kultur-Profis« bezeichnen –, die Werbe- und PR-Profis also zerbrechen sich einen großen Teil ihrer Zeit den Kopf über ihre Zielgruppen. Eine ganze Industrie der Erhebungen, der Marktforschung, der Messung des Lese- und Zuschauverhaltens soll über den richtigen Einsatz der Mittel Aufschluss geben. Jung, alt, reich, arm, gebildet, schlicht, rechts, links, gesetzlich oder privat versichert – und viele andere Eigenschaften müssen den Adressaten zugeordnet werden.

Ganz anders im Feuilleton. Hier macht sich natürlich erst einmal das grundsätzliche Problem für die Zeitungen bemerkbar, dass die Leserschaft als Gegenüber ausgesprochen diffus bleibt. Der Zeitungsjournalist schreibt meist ins Blaue hinein, denkt beim Schreiben, mit der Ausnahme vielleicht von Helmut Markwort, kaum an die Leser und erhält über die Reichweite seiner einzelnen Artikel zumal im Vergleich zu anderen Teilen seines Blattes praktisch keine Auskunft. Leserbriefe geben hier nur sporadisch Anhaltspunkte und offenbaren häufig nur Problemfälle der Rezeption. Im Feuilleton ist das Problem bei zunehmender Themenbreite umso größer, in jedem Fall aber größer als etwa im Wirtschaftsteil. Die Anzeigenkunden hingegen haben ihre Meinung über die Leserschaft des Feuilletons längst gefasst: Fast ausnahmslos gilt, dass niemand von ihnen seine Anzeigen gezielt im Feuilleton der Tageszeitungen platzieren möchte. Ein paar Literaturanzeigen bilden die Ausnahmen. Eine Nachfrage in der Media-Planung einer Werbeagentur ergibt, dass selbst ein führender Hersteller von traditionsreichem, hochwertigem Porzellan, dessen Produkt also durchaus einen Kulturfaktor hat, keine seiner Anzeigen im Kulturteil platziert haben möchte.

Der Redner Demosthenes vertrat seinem Biographen Plutarch zufolge die Ansicht, dass es Kennzeichen des demokratischen Redners sei, sich auf das angesprochene Publikum einzustellen. Hingegen sei es »oligarchisch«, sich »keine Gedanken darüber zu machen, welche Haltung die Menge gegenüber der Rede einnehmen wird«. Ein solches Verhalten habe mehr mit »Gewalt« als mit »Überzeugungskraft« zu tun.

Demnach müsste das Feuilleton zum Großteil ein oligarchisches, gewaltsames Medium sein. Ist das so? Um Missverständnissen vorzubeugen: Für den Fall, dass es so wäre, ergäbe sich daraus noch nicht gleich die Forderung, das Feuilleton müsse jetzt eine detaillierte Zielgruppenanalyse vornehmen und danach vollständig das Schreiben ausrichten. Es gäbe dann natürlich die Gefahr, dass den Schreibenden eine gewisse Befangenheit entstünde, wenn sie sich etwa direkt an Leserbefragungen zu orientieren suchten. Auch artikelbegleitende Infokästen und andere Service-Elemente für Schnellleser und Langsamversteher müssten noch nicht zwingend die Folge sein.

Wenn man allerdings die wichtigen Feuilletons auf die Frage »oligarchisch und gewaltsam« hin anschaut, so muss man feststellen, dass ihnen ein wenig mehr Befangenheit im Hinblick auf die Leser doch ganz gut täte. Zwar ist Voraussetzungsreichtum sicher ein wesentliches Merkmal des Feuilletons, doch sollte dies eher im Sinne einer allgemeinen kulturellen Disposition gelten, als dass tatsächlich durch inhaltliches Voraussetzen der Ausschluss von durchaus verständigen Lesern betrieben wird. Damit meine ich das Phänomen, dass nicht selten dem Leser eine Debattenkenntnis abverlangt wird, die fast nur Kulturjournalisten selbst haben. Nicht die Aufgabe des inhaltlichen Anspruches der Texte, sondern einfach mehr Mut zur Wiederholung und Einfassung wäre hier wünschenswert, also auch weniger

Angst vor der Schwächung einer Pointe durch die Erklärung einer Anspielung. Natürlich darf man auch für die Kollegen schreiben. Aber wenn sie spürbar zur einzigen erkennbaren Zielgruppe werden, dann läuft es gründlich falsch. Ich möchte hierfür ein extremes Beispiel anführen. Die jetzt immer breitere Medien-Berichterstattung in den Medien erhält immer wieder den nahe liegenden Vorwurf der Selbstreferenzialität. Und auch wenn man das Interesse des Publikums an den Journalisten und ihrer Arbeit nicht unterschätzen sollte, trifft dieser Vorwurf nicht selten zu. Das Extrembeispiel, an das ich denke, ist die obsessive Berichterstattung von Michael Hanfeld auf der Medienseite der »Frankfurter Allgemeinen Zeitung« über die Querelen bei der Besetzung der Intendanz des Zweiten Deutschen Fernsehens. Hier ist die Verbindung zum Leser völlig gekappt, das interessiert tatsächlich niemanden mehr. Das ist, um noch einmal Plutarch anzuführen, oligarchischer Journalismus.

Damit soll die Frage »Wer liest das denn eigentlich?« – also die in die Form einer fundamentalen Feuilletonskepsis gekleidete Frage nach der Zielgruppe – nicht zur Keule gemacht werden. Dies ist ein Argument, mit dem in letzter Zeit dem angeblich zynischen Feuilleton von wahrhaft zynischen Verlagsleitern die Einsparung von Seiten und von Feuilletonisten schmackhaft gemacht werden sollte. Die Wochenendbeilage werde von einigen seiner Bekannten immer herausgenommen, auf den Kaffeetisch gelegt und am Ende dann doch nicht gelesen – mit dieser Beobachtung versuchte ein Verlagsmanager einer großen Tageszeitung allen Ernstes den versammelten Redakteuren die erste Rationalisierungswelle zu versüßen. Dadurch ist den Kulturjournalisten die Frage nach der Rezeption ihrer Produkte nicht gerade sympathischer geworden. Auch hat das Argument etwas für sich, dass das Feuilleton, soweit betriebswirtschaftlich tragbar, eben als Ausweis des vielbeschworenen Qualitätsjournalismus und als kultureller Raum mit durchgezogen werden muss, ob nun alles gelesen wird oder nicht – so wie der Lyrik-Band vom Krimi-Bestseller durchgezogen wird. Und das Gelesenwerden ist nicht der einzige Grund des Geschriebenseins, was ich ja in dieser Runde kaum hervorheben muss. Und nicht zuletzt ist die Vorstellung naiv, der Leser müsse die Zeitung ganz durchlesen, um die in ihr aufgewendeten Ressourcen zu rechtfertigen.

Und doch kann aus all diesen Einwänden zur Zielgruppenfrage eine Nonchalance erwachsen, die im permanent unevaluierten Zustand Gefahren birgt. Allein für den Habitus mancher Feuilletonisten wäre es daher hilfreich, wenn die Zeitungen sie mit gezielten Lesererhebungen versorgen würden, die alle spezifischen Leseinteressen und -gewohnheiten erfassen, bis hin zu den einzelnen Genres der Artikel. Wir haben von Stephan Speicher gehört, wie interessant solche Erhebungen sein können. Diese Daten muss man ja ebenso wenig an die Anzeigenkunden weitergeben – so gerne diese sie hätten – wie die unterschiedlichen Auflagen zwischen Montag und Freitag. Als kleine Stärkung oder Ernüchterung zwischendurch, so stärkend wie die günstige Blattkritik eines Kollegen oder so ernüchternd wie die Erkenntnis, dass auch er den eigenen Artikel gar nicht gelesen hat. Ein bisschen Zielgruppendenken ist also gar nicht so schlecht und macht die Feuilletonisten noch nicht zu Werbetextern. In dieser Hinsicht ist auch die Reduktion der Seitenumfänge, *horribile dictu,* hier und da sogar ein wenig heilsam. Zur Zeit des Internet-Booms haben die Zeitungen durch maximale Themenbreite das Prinzip einer größtmöglichen Auswahl für die individuelle Themenfindung im Internet nachgeahmt; jetzt müssen sie wieder stärker die angestammte Funktion der Selektion wahrnehmen. Hierbei dürfen sie sich auch an die Mahnung des Aristoteles halten, der die Kommunikationsbranche, als deren Abgesandter ich hier auftrete, so eifrig folgt: Der Zuhörer ist das Telos der Rede.

Der Verrat am Leser

von Burkhard Müller

Vor einigen Wochen, mitten im Sommerloch, erhielt ich, als freier Mitarbeiter im Feuilleton einer großen deutschen Zeitung, ungefähr um zehn Uhr früh einen Anruf: ob ich nicht für den nächsten Tag einen Artikel schreiben wollte, Thema: die Macht der Alten. Natürlich wollte ich. Bis 16 Uhr sollte er fertig sein. Ich hatte über das Thema noch nie im Zusammenhang nachgedacht. Dennoch lieferte ich bis 16 Uhr etwas ab.

Ich glaube, die Fallstricke eines solchen Auftrags sind deutlich zu sehen. Es war eine ehrenvolle Herausforderung, aber auch eine, die an einen gewissen Spieltrieb appellierte. Die Hauptregel des Spiels lautet: Mach was aus dem, was du hast und weißt, und wenn das nicht viel ist, improvisiere. »Bricolage« nennen das die Ethnologen und Mythenforscher. Höchstes Ziel unter solchen Arbeitsbedingungen muss es sein, einigermaßen elegant die Kurve zu kriegen. Verschiedenes Anderes, was ein unbefangener Leser von einem solchen Meinungsartikel vielleicht erwarten würde, musste auf der Strecke bleiben: die profunde soziologische Kenntnis, die gründliche Analyse und vor allem: der Ernst, der die Wahrheit will und sonst nichts. Ich habe in diesem Artikel nichts wissentlich Falsches geschrieben; aber es war doch die gute Figur unter den erschwerten Bedingungen mein sozusagen sportliches Hauptanliegen.

So, denke ich, geht es im Feuilleton generell zu. Der Wirtschaftsjournalist versteht etwas von der Wirtschaft, der Autojournalist was von den Autos. Wovon versteht der Feuilletonist etwas? Der Intellektuelle (und als einen solchen muss man den Feuilletonisten doch wohl ansprechen) sei, heißt es, der Spezialist fürs Allgemeine. Das ist eine ehrende Definition, und ich wäre stolz, sie auf mich beziehen zu dürfen. Sie verdeckt allerdings gewisse Schwächen seiner Voraussetzungen und seiner Verfahrensweise. Seit das Feuilleton sich nicht mehr als Sparte begreift, wie eben Auto und Wirtschaft es sind, nicht mehr als Kulturberichterstattung, sondern als umgreifendes Medium der Weltmeinung, als den Teil der Zeitung, der alle deren andere Teile sozusagen einhüllt und überwölbt: Seither fällt das methodisch Zweifelhafte an ihm doch sehr ins Auge. Was das Feuilleton tut, besonders auf seiner ersten Seite, läuft häufig auf eine Verdoppelung des Leitartikels mit unzulänglichen Mitteln hinaus, auf eine Art Echo.

Nun hat gewiss auch der Leitartikel seine fragwürdigen Seiten. Aber er ist doch in gewisser Weise durch die vorgegebene politische Form seines Denkens verankert. Im Feuilleton jedoch bewirkt das nicht Vorgegebene der Form und sogar der Thematik eine Luftigkeit des Diskurses, die einerseits zu einer unkontrollierten Willkür der angezettelten Debatten, andererseits zu Ratlosigkeit und manchmal selbst zu Leichtsinn vor den wirklichen Aktualitäten führt.

Für das Zweite stellt der Irak-Krieg das Exempel schlechthin dar. Seit mehr als einem Jahr beherrscht er, in seinen drei Phasen der Anbahnung, Durchführung und Folgenbewältigung das globale Blickfeld. Jedem ist das Maß seiner Bedeutung klar, der unmittelbaren wie der als Präzedenzfall. Warum hat das Feuilleton darauf nicht angemessen reagieren können? Und wenn ich sage, es habe nicht angemessen reagiert, dann meine ich keineswegs, dass nicht zahlreiche intelligente Ansichten zu ihm vorgetragen worden wären. Aber das ist für das Gesamtbild fast gleichgültig. Die Tatsache bleibt, dass von den Verfassern der Begleit-Artikel jeder jeden Tag neu ansetzen muss; dass es nichts gemeinsam Erarbeitetes gibt, auf das aufgebaut werden könnte, keinen Stand der Diskussion. Um hier etwas zu schaffen, hätte das Feuilleton entweder einem energischen Einzelnen, der weiß, was er will, und es sagen kann, den nötigen Raum zu geben (wie ihn etwa George Orwell während des Zweiten Weltkriegs mit seiner Kolumne »As I see it« in der »Tribune« hatte), oder seine Beiträger müssten in irgendeiner Form eine Gruppe bilden. Diese Gruppe bräuchte gar keiner bestimmten Linie zu folgen; die Minimalanforderung an sie wäre bloß, dass sie sich einig wären, worüber es sich zu streiten lohnt. So aber bleibt jeder Individualvirtuose auf sich gestellt. Der eine grübelt über das Völkerrecht nach, der andere über Analogien der Pax Americana zur Pax Romana, jeder bringt sein eigenes Schatzkästlein von Lieblingsassoziationen, Metaphern mit begrenzter Reichweite und Bildungsbruchstücken herbei. »Wie schon Polybius erkannte – «, und am nächsten Tag Saddam Hussein als neuer Kyffhäuser (den Artikel kenne ich genau, der war von mir). Fragen werden nicht in ein Bezugsfeld und eine Reihenfolge gebracht, sondern wirr durcheinander vorgetragen, grundsätzlich die zweite vor der ersten; also nie: Was ist hier los?, die sich meistens präzisieren lässt zu: Wer hat woran Interesse?, sondern immer gleich: Was sollte man tun?, am liebsten: Was sollten *wir* tun?, dieses klebrige Personalnomen, das sich wie kein anderes Wort der deutschen Sprache eignet, jede klare Besinnung im Keim zu ersticken. Moralisten und Realpolitiker laufen sich gegenseitig zwischen den Füßen herum, ohne sich je auf eine gemeinsame Grundlage zu verständigen, auf der sie sich auch nur fruchtbringend *attackieren* könnten.

Als Beispiel für das Erste, den feuilletonistischen Willkürakt, erinnere ich an die Walser-Debatte des Jahres 2002. Ein Buch, das dem Publikum nicht vorlag, wurde durch einen Publicity-Trick arbiträr zum Stein des Anstoßes gemacht, und es gab ein Hickhack, bei dem absolut nichts herauskam, was ein interessierter Zeitgenosse als Zugewinn an Einsicht und gesellschaftlicher Bewusstheit hätte verbuchen können. Die »Debatte« blieb in jener vollkommenen Unfreiheit gefangen, die immer noch bewirkt, dass derjenige, der als Erster »Antisemitismus!« ruft, der Handlungsmächtige bleibt, der allen anderen die Bewegungslinien vorgibt. Zu besichtigen war die Unmöglichkeit, aus einer falschen Frage die richtige zum Vorschein zu bringen. Und hätte es selbst einer getan, seine Stimme wäre im Chor untergegangen, ehe sie noch als Misston hätte geächtet werden können.

In zehn Minuten bleibt kein Platz für ausgewogene Differenzierungen, und so sage ich einfach: Das Feuilleton konstituiert sich und operiert im Raum einer defekten Öffentlichkeit. Die isolierte Beliebigkeit, mit der die Meinungen und selbst die Themen dastehen und als schief zueinander verlaufende Vektoren sich gegenseitig zu plus minus null aufheben, ist deren einer Aspekt: es hat keine klare Vorstellung, *wozu* geschrieben wird, was es durch den täglichen Akt der Füllung eines vorgegebenen Rahmens eigentlich erreichen will. (Ich betone noch einmal, das betrifft nicht die Qualität des einzelnen Artikels, sondern die Gesamtheit dieses Rahmens: Er zuletzt bestimmt, was jeder Artikel in ihm wert ist.)

Innig damit verschränkt sich der andere Aspekt: Das Feuilleton weiß nicht, oder es gibt sich keine Rechenschaft darüber, *für wen* eigentlich es schreibt. Man sollte meinen, für eine Gemeinde von doch einigen zehn- oder sogar hunderttausend Menschen, die es jeden Tag oder gelegentlich in die Hand nehmen. Aber wer genauer hinsieht und sich nur ein bisschen auskennt, wird feststellen, dass die regulierende Größe, die kritische Instanz, an der die Produzenten ihr Produkt faktisch messen, in einer sehr viel intimeren, um nicht zu sagen inzestuösen Öffentlichkeit besteht: der Schar der Kollegen. Sie sind greif- und vorstellbar, der eigentliche Leser ist es nicht. Auf ihren Beifall ist es abgesehen, auf ihre Tücken muss reagiert werden, was sie gehabt haben, müssen wir auch bringen. Wer ohne Kenntnis des Milieus für seine Lektüre die Kosten eines Zeitungskaufs auf sich genommen hat, wird in vielen Fällen gar nicht verstehen, worum es im Einzelnen geht. Er erlebt die Mitwirkenden sozusagen nur mit dem Oberkörper über der Tischplatte und sieht nicht, wie sie sich darunter gegenseitig ans Schienbein treten; darum wird es ihm oft schwer, ihren physiognomischen Ausdruck zu deuten. Das Feuilleton ist auf eine ungesunde Weise zwie-codiert: Es transportiert, nicht in jedem einzelnen Text, aber doch als Institution zwei verschiedene Botschaften, eine offene, die Erörterung eines bestimmten Themas, und darunter eine zweite, eingekapselte, die welches Thema auch immer als Anlass für etwas ganz Anderes verwendet. Wo der naive Leser einen sachlichen Ernst am Werk glaubt, ist in Wahrheit ein Spiel im Gange. Am ehesten wird er dessen noch bei den Überschriften inne: Deren ungute Leichtigkeit, die sich vom Gehalt der Stücke so gleichgültig abkehrt und mit ihren gewendeten und gebrochenen Zitaten immer dieselben paar Bälle herumschiebt, lässt das Spielhafte des Ganzen auch dem Außenstehenden erahnbar werden. Ich habe einmal, bei einer anderen Gelegenheit, die Überschriften der führenden deutschen Feuilletons nur einer einzigen Woche zusammengestellt – das brauche ich hier nicht zu wiederholen, Sie alle kennen diesen Typus der sterilen Geistreichelei.

Mit all dem meine ich nicht, dass es unter Feuilletonisten keinerlei Zunftgeist geben sollte, der ihrer Tätigkeit einen Maßstab setzt und die eigene Ehre von der Achtung der Kollegen abhängig macht. Jedes Handwerk braucht ihn. Auch eine Klempnerinnung funktioniert auf diese Weise, und das ist gut so, denn nur so wird ein Standard der Klempnerei gewahrt; der Kunde kann sich einigermaßen sicher sein, dass ein Rohr, das repariert wurde, hinterher nicht mehr tropft. Aber bei den im Feuilleton Tätigen gibt es, so scheint mir, keine völlige Einigkeit, wer der Kunde ist und was überhaupt ein Rohr wäre; sie sind, statt mit diesen zwei grundlegenden Außengrößen, vorzugsweise mit einem abstrakten Begriff des Zünftigen beschäftigt; sie befinden sich in Gefahr, zu Geisterklempnern zu werden.

Das Feuilleton hat in den letzten Jahren nach Anspruch und Umfang stark expandiert und ist jüngst in eine Krise geraten, die sich zunächst als eine ökonomische darbietet; man muss sie jedoch ebenso als verzögerte Folge eines unterstrukturierten Zuwachses begreifen. Keineswegs sollte das Feuilleton sich aus lauter Katzenjammer kleinmütig auf sein altes Kerngeschäft, die Besprechung von Premieren und Neuerscheinungen und höchstens noch ein bisschen Kulturpolitik, zurückziehen. Auch ich schreibe ja fürs Feuilleton und empfinde die neuen Möglichkeiten, die sich bieten, als Gewinn, den man nicht aufgeben darf. Es sollte Zähne zeigen. Dies aber setzt voraus, dass es nachdenkt, für wen es eigentlich da ist. Es sollte dem kollegialen Spiel etwas wie den Ernst der Zeitgenossenschaft entgegenzustellen haben. Was ihm Not tut, ist die Phantasie, sich seine Öffentlichkeit als Raum, als Zweck und als Publikum zu imaginieren.

Diskussion

Ulrich Greiner: Ich habe zwei Korrekturen vorzubringen. Man muss erstens dem Eindruck entgegentreten, das Feuilleton sei in seinen Anzeigen ganz von den anderen Teilen einer Zeitung abhängig. Zu jedem Feuilleton gehören ganz bestimmte Typen von Anzeigenkunden: Verlage, Kinos, Galerien, und diese spielen eine nicht ganz geringe Rolle für das Anzeigengeschäft.

Wichtiger aber ist zweitens, wenn Johan Schloemann sagt, wir kennten unsere Leser nicht: Es gibt immer wieder Untersuchungen, Copytest oder ABA, und aus ihnen wissen wir ziemlich genau, wer unsere Leser sind, wir wissen, wie viel Einkommen, welche Schulbildung, welches Alter sie haben. Das aber bedeutet nicht, dass wir wissen, was die Leser wollen. Was daran liegt, dass es die Leser selbst nicht wissen. Es gibt viele Beispiele dafür, wie Großkonzerne versucht haben, neue Zeitschriften zu lancieren, jeweils mit höchstem Aufwand, mit Nullnummern, mit Dummys, mit Lesertest, die dann auch noch zu den positivsten Ergebnissen führten – und diese Zeitschriften sind erschienen und nach zwei Nummern eingestellt worden, weil sich die Leser nicht dafür interessierten. Man kann das dahinter stehende Problem mit einer Erfahrung aus der Literaturkritik vergleichen: Würden die Schriftsteller schreiben, was die Kritiker von ihnen verlangen, würden sie durch Nicht-Gelesen-Werden bestraft. Ich kann nur warnen: Herausbekommen zu wollen, was der Leser will – das ist das Ende jeder Zeitung. Die »Zeit« wäre einmal fast an einem solchen Vorhaben gescheitert. Es kann nur eine Regel geben, auch wenn diese Regel mit einem großen Risiko behaftet ist: Wir machen die Zeitung, die uns am besten gefällt.

Eine solche Zeitung kann aber nicht davon absehen, was die Kollegen in den anderen Blättern denken und schreiben – daraus entsteht ein imaginäres Gespräch, eine Diskussion, die an sich interessant ist, unabhängig davon, ob jeder Leser weiß, auf welchen Kollegen ich mich beziehe. Natürlich hat man dabei immer eine Art von idealem Leser vor Augen. Aber wenn wir ihn verfehlen, dann kann das an ihm liegen, aber auch an uns, und woran es tatsächlich liegt, werden wir nie herausbekommen.

Martin Bauer: Man muss sich hier offenbar gegen die Vorstellung wehren, das Feuilleton sei so etwas wie eine bundesrepublikanische Diskurspolizei, die dafür sorgt, dass die Debatten konsistent, widerspruchsfrei und immer um Kohärenz bemüht geführt werden. Wenn sich das Feuilleton so selbst verstünde, würde mir Angst und Bange werden.

Heinrich Detering: Ich möchte noch einmal auf die Debatte um Martin Walser vom Sommer 2002 zurückkommen. Eigentlich war doch diese Debatte ein Beispiel für ein gelungenes Crossover. Nie zuvor habe ich erlebt, dass man sich ein Manuskript, das noch nicht veröffentlicht worden war, so gierig beschafft hatte, oft auf halblegalen Wegen. Selten ist mit einem so hohen Aufwand an Medienkritik, an Literaturkritik, an Literaturwissenschaft, an differenzierter Textanalyse ein gerade erschienener deutscher Roman gelesen worden, und selten ist so viel Diskussionsenergie zwischen den Feuilletons auf einen derart marginalen ästhetischen Gegenstand angewandt worden. Wie kommt das? Wie kann es sein, dass ein misslungener, bestenfalls gleichgültiger, unwichtiger Roman eine ästhetisch so präzise poetische Analyse auslöste, wenn in der gleichen Zeit mindestens drei beträchtliche Gedichtbände vorlagen: ein neuer von Thomas Kling, ein neuer von Marcel Beyer und ein neuer von Harald Hartung? Immerhin ist in letzterem etwas Bedeutendes passiert, nämlich die Wiedereinführung einer silbenzählenden Metrik in die deutsche Poesie, was ungefähr so viel bedeutet, als würde Helmut Lachenmann auf einmal beginnen, fünfstimmige Madrigale zu komponieren. Das wirkt doch so, als habe das Feuilleton sich vor allem den großen Debatten zu widmen, als habe es keine Zeit und Kraft, an ästhetischen Gegenständen zu arbeiten. Der Zynismus des Feuilletons, das würde ich daraus schließen, besteht in seiner Selbstbezüglichkeit. Denn der Kern der Walser-Debatte bestand ja nicht in einem ästhetischen Verfahren, sondern in dem, was die Kollegen aus den jeweils anderen Blättern geschrieben hatten.

Burkhard Müller: Die Debatte um Martin Walser musste so jämmerlich verlaufen, weil ein großer Sündenfall begangen worden war, nämlich etwas zu verhandeln, was nicht öffentlich war. Es müsste eine kristallharte Regel geben: Kritisiert werden kann nur das Öffentliche, und es scheint mir ein starker Ausdruck der Krise zu sein, wenn diese Regel unterlaufen wird. Wenn das Schule macht, kann das Feuilleton dicht machen.

Johan Schloemann: Man darf vom Feuilleton nicht dasselbe Maß an Kohärenz erwarten, das man einem Buch zugrunde legen müsste, nicht dasselbe Maß an Bündigkeit und Schlüssigkeit. Man darf nicht vergessen, dass, wie Lothar Müller meinte, die Zeitgenossenschaft ein hervorragendes Merkmal des Feuilletons ist, und das heißt Aktualität, das heißt Bedingungen, die sich täglich verändern, das heißt unablässige Bereitschaft zur Revision. Was manchem als Willkür der Themen erscheint, hat elementar etwas mit der Flüchtigkeit der Bedingungen zu tun.

Eckhard Fuhr: Mehrfach ist nun vom Irak-Krieg die Rede gewesen, und in der Folge war auch vom 11. September die Rede. In diesem Zusammenhang muss, glaube ich, auch von einem Ausweichen des Feuilletons gesprochen werden. Gleich zu Anfang, gleich nach dem 11. September gab es eine Steilvorlage für die Feuilletons, nämlich den Satz von Karl-Heinz Stockhausen, dies sei das größte Kunstwerk aller Zeiten gewesen. Allmählich wird erkennbar, dass diese Behauptung einer der wenigen wahren Sätze ist, die über den 11. September geäußert wurden. Die Feuilletons haben sich aber durchweg an der moralischen Skandalisierung dieses Satzes beteiligt und vollkommen ignoriert, dass dahinter eine ebenso wahnwitzige wie feuilletonistische Frage gestanden hat: Man kann nun weitergehen und sich zum Irak-Krieg fragen: Was lernen wir daraus über das Verhältnis von Politik und Wirklichkeit? Warum ist keiner auf den Gedanken gekommen, dass dies der größte Schelmenroman ist, der je erzählt worden ist? Das sind originäre Feuilletonstoffe, aber die Feuilletons haben sich im Wesentlichen darauf beschränkt, das nahe Liegende zu tun: die entsprechenden Autoren abzugreifen, von Martin van Creveld bis Benjamin Barber.

Lothar Müller: Eine Bemerkung zum Verdacht, das Feuilleton würde nunmehr vor allem auf sich selbst reagieren, auf den Verdacht, das Feuilleton bestehe aus einem Nullsummenspiel, in dem immer nur Spielmarken hin- und hergeschoben werden. So dass am Ende das Publikum so etwas wie die ausgeschlossene Größe ist. Dieser Verdacht ist die Dramatisierung von etwas, das es in sehr vielen Berufen gibt, und ich habe den Eindruck, dass dieses im Kern wissenssoziologische Argument überstrapaziert werden kann. Natürlich gibt es Rivalitäten auch im Journalismus, und vielleicht ist es sogar so, dass sich auch in ästhetischen Kritiken Motive einmischen, die nicht vom Gegenstand bestimmt sind. Das gilt aber für andere Institutionen auch, zum Beispiel für die Universität – und ich denke da durchaus an das, was Heinrich Detering gesagt hat. Es wäre der Universität auch nicht recht, wenn ihre gesamte Produktion wissenssoziologischen Kriterien unterworfen würde. Mir scheint das auf Dauer eine sterile Übung zu sein, der in den Zeitungen vielleicht leider ein wenig zu viel Raum gegeben würde, vor allem auf den Medienseiten. Dieses scheinbare Wissen von innen hat mehrere Vorzüge, auch für den Leser. Es gewährt ein Bescheidwissen ohne Sachkenntnis. Die Attraktivität dieser Deutungsmuster finde ich bis zu einem gewissen Grad verständlich, halte sie darüber hinaus aber für ein wenig schlicht.

Ein zweiter Punkt: Hier ist viel vom Feuilletonisten als von einem Spezialisten für das Universelle die Rede gewesen. Das heißt aber nicht, dass der Feuilletonist jemand ist, der von nichts etwas versteht, aber über alles schreibt. Die meisten von uns kommen aus disziplinären Zusammenhängen und haben ihre Kern- und Fachgebiete. In einem gelingenden Feuilleton ist immer die Unterstellung da, dass der Typ von Öffentlichkeit, von dem man spricht, in einem kommunikativen Zusammenhang steht, den man nicht selber kennen kann, von dem man aber eine Ahnung hat, wenn man zum Beispiel Literaturfestivals kennt. Dort kann man hin und wieder Leute sehen, die über Literatur reden, und ins Staunen geraten, mit welcher Kompetenz sie das tun. Das ist nicht einfach alles nur Event, sondern man kann durchaus den Eindruck gewinnen, dass es in Deutschland nach wie vor sehr viele Leute gibt, die sehr gerne Bücher lesen und auch verständig darüber reden können. Und ich glaube, dass diese Leute auch in den Zeitungen gerne etwas lesen möchten, das nicht völlig unterkomplex ist.

Im Übrigen meine ich, dass man eine gewisse Vorsicht walten lassen muss gegenüber saisonalen Denkstilen. Denken wir an die nun mehrfach zitierte Ethnologie. Sie war die Erbin der Pädagogik – diese wollte die Menschen verändern, jene gab sich damit zufrieden, sie zu beobachten. Diese Intensität der Beobachtung kam den Feuilletons sehr entgegen, dieser Blick auf das Eigene als etwas Fremdes war eine Zeit lang produktiv. Inzwischen hat sich aber dieser Typus von aktuellen Denkstilen in den Feuilletons zu einer hochgradigen Intensität ausgeprägt, die keine großen Empfehlungen mehr braucht. So etwas gehört mittlerweile zum Normalzustand und wird beliefert von Konferenzen, Akademien, Kolloquien und vielem mehr. Nun scheint es gegenwärtig so zu sein, dass diese wissenssoziologischen, ethnologischen Denkmuster einen besonders leichten Zugang zu den skandalträchtigen, Aufmerksamkeit erheischenden Themen zu besitzen scheinen, im Vergleich etwa zu den poetologischen oder kulturhistorischen Perspektiven, von denen Heinrich Detering sprach.

Burkhard Müller: Wichtiger als alle empirischen Erhebungen zum Leserverhalten ist, dass der Feuilletonist eine Vorstellung von seinem Leser hat. Der Zwang, auf äußere Ereignisse zu reagieren, ist die Folge einer falschen Vorstellung vom Leser – man unterstellt ihm, er sei stärker von Reflexen geleitet, einfacher, flacher, als er vermutlich ist. Ich glaube, dass man, auch als Autor, zur Vorstellung von einem Gespräch finden muss. Die täglich neue Füllung des Raums ist ein Problem der Tageszeitungen. In der Regel erfährt man auf der ersten, politischen Seite nicht, was eigentlich los ist – die Ereignisse werden in viel zu dünne Scheiben geschnitten, die Sprache ist stark kodiert, die Absichten werden in diplomatischen Floskeln vorgetragen, die man entschlüsseln muss. Die Aufgaben des Feuilletons gehen meiner Ansicht nach über den Leitartikel hinaus: Dazu gehört nicht nur, dass es die Interessen herauspräpariert, sondern auch, dass über die einzelnen Feuilletons hinweg eine Einigung darüber besteht, was die wichtigen Fragen sind.

Harald Jähner: Ich möchte noch einmal auf die Debatte um Martin Walsers Roman »Tod eines Kritikers« vom Sommer 2002 zurückkommen und der These widersprechen, das Feuilleton hätte den Roman überaus gründlich analysiert. Es hat lediglich viel darüber geschrieben. Es wäre vermutlich besser gewesen, hätten die Kollegen das Buch nicht so schnell vom Bildschirm herunter oder auf fliegenden Blättern gelesen. Denn so schlecht, wie jetzt getan wird, ist das Buch nun wirklich nicht, und man hat dem Buch Unrecht getan, indem man sich nicht mit seinen ästhetischen Eigenheiten beschäftigte. Verblüfft hat mich auch, dass der interessanteste Aspekt des Romans, nämlich die Medienkritik, so gut wie keine Rolle gespielt hat. Sehr präzis ist darin beschrieben, welche Rolle die Komik in der Literaturkritik spielt, was für Verletzungen diese Komik zur Folge hat, was passiert, wenn man den Kritiker scheinbar live vor eine Kamera setzt, was geschieht mit der Komik, wenn man Publikum einsetzt, was, wenn man Beifall einspielt. Sehr genau hat Martin Walser analysiert, wie das Fernsehen im Kritiker den Willen zur Verletzung reizt. Nur wenige der Kritiker dieses Romans haben allerdings dieses Thema aufgenommen. Warum ist das Feuilleton so immun gegen eine von außen kommende Medienkritik?

Patrick Bahners: Es ist noch eines zu sagen zu den Überschriften, die mit ihren Anspielungen, mit ihren Kalauern immer wieder ein Problem darstellen. Ich wenigstens bekomme mindestens einmal in der Woche einen mehr oder minder freundlichen Brief eines Lesers, der etwas an unseren Überschriften auszusetzen hat. Die Kritik an Haupt- und Unterzeilen, die einen Vers oder eine andere einprägsame Wendung zitieren, übersieht, dass Überschriften in erster Linie musikalischer Natur sind. Sie haben nicht den Zweck, mit Bildung zu protzen oder für ein Wiedererkennen zu sorgen. Gute Überschriften sind so etwas wie ein Tusch.

Sibylle Lewitscharoff: Man sollte sich keine allzu klaren Vorstellungen vom Leser machen, im Gegenteil. Je mehr man die Leserschaft höflich avisiert, je mehr man sie für etwas Größeres, etwas Geistreicheres und auch etwas Humaneres als man selbst hält, umso besser wird man dieser Leserschaft begegnen. Um so schöner werden die Texte, umso anspruchsvoller werden sie, nicht nur intellektuell, sondern auch praktisch. Das Gleiche gilt umgekehrt für die Zeitung. Den meisten Lesern wird es so gehen wie mir: Ich schlage die Zeitung auf und weiß nicht, was ich von ihr erwarte. Umso größer ist das Wunder, wenn ich dann auf einen geistreichen Artikel zu einem Gegenstand stoße, von dem ich nichts weiß. Die Bestätigung des Leserbedürfnisses ist das Langweiligste, auch für diesen Leser.

V Feuilleton und Naturwissenschaften

Wer hat Angst vor den Naturwissenschaften in der Tageszeitung?

von Michael Hagner

Im Frühjahr 2003 erhielt ich von einer relativ neuen, an ein allgemeines Publikum gerichteten naturwissenschaftlichen Zeitschrift die Einladung, einen historischen Artikel über mein Fachgebiet, die Geschichte der Hirnforschung, zu schreiben. Man bat mich um einen Themenvorschlag, und ich schlug vor, einen Artikel über die Funktion bzw. die Instrumentalisierung der eigenen Geschichte in einigen aktuellen Debatten der Hirnforschung zu untersuchen. Angesichts der inzwischen allgemein bekannten Diskussionen um Willensfreiheit und Verbrechergehirne, Neuroökonomie und Neurodidaktik war ich der Ansicht, dass es sich hier um ein Thema handelt, das auch die mehrheitlich naturwissenschaftlich orientierten Leser der betreffenden Zeitschrift interessiert. Immerhin sind bereits im neunzehnten und frühen zwanzigsten Jahrhundert ähnliche Kontroversen mit der gleichen Schärfe ausgetragen worden. Nicht, dass es bisweilen so weitreichende Erklärungsansprüche der Hirnforschung gibt, ist so spannend und untersuchenswert, sondern in welchen historischen Konstellationen sie erhoben und wie sie argumentativ unterfüttert werden. Dieses Thema, so dachte ich, sollte in der Öffentlichkeit, sei es in der Tageszeitung (wo es in der Zwischenzeit tatsächlich aufgegriffen worden ist) oder in einer populärwissenschaftlichen Zeitschrift, verhandelt werden.

Nach einigen Wochen erhielt ich vom geschäftsführenden Redakteur der betreffenden Zeitschrift einen Brief, in dem mein Vorschlag mit den Worten abgelehnt wurde, dass »das Redaktionsgremium (empfiehlt), einen Bezug zu noch lebenden Personen (das heißt: heutigen, öffentlich ihre Meinung vertretenden Hirnforschern, M. H.) zu meiden und stattdessen einen rein informativen Artikel zu schreiben, der sich auf historische Fakten beschränkt, nicht aber Stellungnahmen heutiger Persönlichkeiten in der Hirnforschung diskutiert. (...) Wie schon erwähnt, möchten wir Beiträge in allgemein verständlicher Form über Themen veröffentlichen, die fachübergreifend von Interesse sind.«

Ich zitiere aus diesem Brief, weil mir zwei Aspekte von übergeordneter Bedeutung zu sein scheinen. Erstens liest sich der Satz, »den Bezug zu noch lebenden Personen zu meiden«, als stamme er aus einer Ethikkommission. Ist hier eine Art von Humanexperiment geplant, das irgendwelchen Menschen Leid antun könnte? Besteht die Gefahr, dass Zeitgenossen verunglimpft, ihr Ruf und ihre Integrität beschädigt werden sollen? Wohl kaum. Dennoch ist hier die *political correctness* auf eine absurde Spitze getrieben worden, denn wenn Hirnforscher oder andere Naturwissenschaftler sich mit pointierten Thesen und Forderungen öffentlich zu Wort melden, liegt die Beleidigung oder Geringschätzung gerade darin, nicht auf gleicher Augenhöhe dazu Stellung zu beziehen. Genau das scheint im vorliegenden Fall jedoch nicht erwünscht gewesen zu sein. Kontroversen sind nicht erwünscht, und ich vermute, dass das kein Zufall ist, denn, so meine erste These, eine öffentliche Diskussionskultur existiert innerhalb der Naturwissenschaften – im Kontrast zu den Geisteswissenschaften – nur in Ansätzen. Die Behandlung naturwissenschaftlicher Themen in der Öffentlichkeit hat an diesem Mangel nicht automatisch etwas geändert, und auch die Wissenschaftsseiten der Tageszeitungen haben in den letzten 25 Jahren (das ist der Zeitraum, den ich als Zeitungsleser überblicke) viel zu wenig dafür getan, eine solche Diskussionskultur zu entwickeln. Grundlegende Debatten, in denen Naturwissenschaftler sich und andere über ihre Lage verständigen, und die eine neue Orientierung zu schaffen vermögen, haben nicht stattgefunden. Gewiss gehen Naturwissenschaftler häufiger an die Öffentlichkeit, doch das geschieht meistens unter dem Gesichtspunkt der lobbyistischen Interessensvertretung, und das Textgenre ist dann bevorzugt das Lamento, in dem über die politische, ökonomische oder kulturelle Vernachlässigung der Wissenschaften geklagt wird. Es versteht sich, dass es mit der proportionalen Zunahme dieser Klagen zu einer entsprechenden Gleichgültigkeit der Öffentlichkeit gegenüber solchen Wortmeldungen kommt – was fatal ist, weil damit die Frage der Relevanz dieser Klagen nicht einmal mehr gestellt wird.

Dass es eine von Naturwissenschaftlern geführte öffentliche Kultur der Kontroverse im deutschen Sprachraum kaum gibt, hat historische Gründe. Das Verhältnis zwischen Naturwissenschaftlern und Öffentlichkeit gestaltete sich seit der zweiten Hälfte des neunzehnten Jahrhunderts ausgesprochen ambivalent. Auf der einen Seite waren populäre Zeitschriften und später Tageszeitungen das Medium schlechthin für die naturwissenschaftliche Popularisierung. Damals ging es darum, den »Naturwissenschaften ›im Wettkampfe der Kulturfaktoren‹ zum Sieg zu verhelfen« (A. Daum). Selbstverständlich ist ein derart sozialdarwinistisches Vokabular längst nicht mehr opportun, doch das Denkmuster des *public understanding of science* ist dasselbe: Es geht um eine öffentliche Akzeptanz für die Naturwissenschaften, die auf Affirmation baut. Die dem zugrunde liegende Logik ist einfach: Man geht von einer Sicherheit und Vollkommenheit des Wissens aus, die eine kritische Beurteilung oder wenigstens eine Diskussionsoffenheit gar nicht erst zulässt. Das Wissen, das im öffentlichen Raum präsentiert wird, sei es in Ausstellungen im Foyer der Wissenschaftszentren, in Science Museen oder eben in Tageszeitungen, ist eine Art Leistungsshow analog zur Industriemesse, und das ist auch gar nicht neu: Rudolf Virchow ließ um 1900 sein pathologisches Museum in Berlin genau neben eine Tramhaltestelle bauen, damit das allgemeine Publikum einen möglichst kurzen Weg zu den Monstrositäten und all den anderen Wunderlichkeiten der Natur zu bewältigen hatte.

Eine solche Darstellung hat durchaus ihre Berechtigung. Keiner sozialen Gruppe oder Institution ist das Recht verwehrt, für sich selbst Werbung zu machen. Nur entspricht sie nicht ganz der Realität der Naturwissenschaften. Ihre zum Teil heftigen Auseinandersetzungen führen Naturwissenschaftler nach wie vor und allzu oft hinter verschlossenen Türen. Dadurch gewinnt die intellektuelle Öffentlichkeit fälschlicherweise den Eindruck, als würden sie etwa in Fragen der Gentechnologie, der Anwendung von Stammzellen oder der kognitiven Neurowissenschaften in geschlossener Front sprechen. Doch bereitet es einige Mühe, die unterschiedlichen Ansichten von naturwissenschaftlichen Experten zu solchen Themen zusammenzusuchen. Gleichwohl ist ein solches Unterfangen lohnenswert, denn dadurch lässt sich demonstrieren, dass auch bei Experten nicht selten Ansichten zum Vorschein kommen, die man eher in anderen, nicht-wissenschaftlichen Argumentationszusammenhängen lokalisieren würde.

Anstatt diese Unterschiede zu thematisieren und auszutragen, werden öffentliche Diskussionsforen veranstaltet, die entlang der Linie der »zwei Kulturen« funktionieren, als ob sich die Naturwissenschaftler im Gegensatz zum Rest der intellektuellen Welt, insbesondere Juristen, Philosophen und Theologen, befänden. Das ist nicht einmal im neunzehnten Jahrhundert der

Fall gewesen, und heutzutage schon gar nicht. Erst wenn die Kontroversen und Kontingenzen innerhalb der Naturwissenschaften vermehrt in der Öffentlichkeit stattfinden, werden die Hoffnungen, die sich an ein allgemeineres Verständnis knüpfen, auch Früchte tragen. Erst dann, wenn mehr Naturwissenschaftler bereit sind, bei der Einschätzung der wissenschaftlichen und außerwissenschaftlichen Konsequenzen der eigenen Forschungen das breite Feld zwischen optimistischen Verheißungen und nüchtern-abwehrender Entzauberungsrhetorik genauer zu erkunden, werden sie das Gehör finden, das sie bisweilen so bitter vermissen. Der Preis dafür wird sein, dass die Naturwissenschaften nicht mehr so gefestigt und unantastbar dastehen, was möglicherweise zu einer Revision bestimmter Deutungsansprüche führen wird, doch wirken sie vielleicht auch weniger monolithisch und bedrohlich.

Ich komme zu meinem zweiten Punkt und damit noch einmal kurz auf den eingangs zitierten Absagebrief zurück. Einen rein informativen Artikel sollte ich schreiben, der sich auf historische Fakten beschränkt. Ich räume ein, dass ich in meinem ganzen Leben noch keinen rein informativen Artikel geschrieben habe, sondern mich stets mit Deutungen, Interpretationen und der Verknüpfung oder Auseinanderdividierung von historischen Fakten abgeplagt habe, um bestimmte Entwicklungen neu oder besser zu verstehen. Wer nur Fakten aneinander reihen will, braucht überhaupt nicht zu schreiben. Es genügt die tabellarische Auflistung von Entdeckungen, Erfindungen und anderen wissenschaftlichen Großtaten, und die gibt es sowohl im Medium Buch als auch im Internet. Die Naturwissenschaftsseiten in der Tageszeitung machen da keine Ausnahme. Die Art und Weise, wie hier mit wissenschaftshistorischen Beständen verfahren wird, funktioniert im Prinzip nach dem Muster von Tabelle und Liste, und weil sich dafür zu Recht niemand interessieren würde, wird das Ganze mit einer flotten Rahmengeschichte oder einer hübschen Anekdote etwas aufgemöbelt. Wissenschaftsgeschichte kommt auf den Naturwissenschaftsseiten ausgesprochen selten zu Wort, und das möchte man auch nicht bedauern, da diese Sorte von Artikeln zu den betrüblichen Seiten des Wissenschaftsjournalismus gehört.

Die Sehnsucht nach reiner Information und reinen Fakten scheint mir eine große Lebenslüge zu sein, die einem falsch verstandenen Ideal von Objektivität geschuldet ist. Damit keine Missverständnisse entstehen und die absurden Diskussionen aus den Science Wars nicht noch einmal aufgewärmt werden: Objektivität ist einer der besten und zuverlässigsten Werte, die im neunzehnten Jahrhundert innerhalb der Naturwissenschaften entwickelt worden sind. Diese Werte haben mit dazu beigetragen, dass naturwissenschaftliches Wissen zum stabilsten und robustesten gehört, das Menschen bislang zu produzieren in der Lage sind. Aber Objektivität ist ein historisch gewachsenes Phänomen, nicht etwas, das man findet, wenn man in den Wald geht und danach sucht. Weder Objektivität noch andere nützliche wissenschaftliche Werte sind dazu geeignet, um die Fiktion des Anspruchs nach reiner Information und reinen Fakten im öffentlichen Raum zu erfüllen. Denn erstens ist die wissenschaftliche Produktion von Fakten so angelegt, dass man keineswegs von vornherein sicher sein kann, dass sich das Fakt nicht irgendwann als Artefakt oder auch nur als Epiphänomen eines übergeordneten Fakts herausstellt. Trotz Objektivität lässt sich Kontingenz eben nicht ganz ausschließen. Und zweitens ist die Deutung von Fakten eine höchst delikate Angelegenheit. Wer meint, mit bloßen Fakten und Informationen sei es getan, ist erstens epistemologisch naiv, und zweitens bleibt er unterhalb der Schwelle, die für die Öffentlichkeit relevant und interessant ist. Eine unabhängige Beurteilung oder Kritik ist nicht vorgesehen. Jeder bleibt an seinem Platz und beschränkt sich auf den schmalen Bereich, in dem er über die erworbene oder zugewiesene Expertise verfügt. Doch mit einer bloßen Beschränkung auf Expertenmeinungen ist es, wie die nationalen Ethikräte und Ethikkommissionen leidvoll vorführen, nicht getan.

Natürlich mag man ein Forschungsprojekt, einen wissenschaftlichen Artikel, eine Vorlesung, kurz und bündig zusammenfassen, und dagegen ist auch gar nichts zu sagen. Nur sollte man sich darüber im Klaren sein, um was es sich handelt: um ein Double, eine zusammengeschmolzene Version dessen, was man in verschiedenen Blättern von »Nature« und »Science« bis zu »Spektrum der Wissenschaften« auch nachlesen kann. Warum also sollten die Tageszeitungen nicht das tun, was die anderen nicht oder nur in sehr eingeschränktem Maße leisten, nämlich eine wohlwollende und kritische, um Fakten und Kontextualisierung bemühte, die Wirklichkeits- und Möglichkeitsräume thematisierende Diskussion der Wissenschaftsentwicklung zu moderieren? Nur in der Abgrenzung von anderen Medien wie Fernsehen, Internet, Diskussionsrunden und Hochglanzzeitschriften ist die Konfigurierung eines eigenen Profils in der heterogenen Gemengelage zwischen Naturwissenschaft und Öffentlichkeit möglich.

Nun hat sich in den letzten Jahren tatsächlich so etwas wie eine Debattenkultur um die Naturwissenschaften in der Tageszeitung entwickelt, allerdings im Feuilleton und nicht im Wissenschaftsteil. Diese Entwicklung verstehe ich als Teil der Akademisierung und massiven Ausweitung des Feuilletons, die seit den achtziger Jahren stattfand, seit kurzem allerdings, bedingt durch die ökonomische Zwangslage der Tageszeitungen, zumindest teilweise wieder rückgängig gemacht wird. Die für unseren Zusammenhang entscheidende Frage wird lauten, ob dadurch der gerade begonnene neue Umgang mit den Naturwissenschaften im öffentlichen Diskurs im Keime erstickt wird. Zunächst einige rückblickende Beobachtungen.

In den achtziger Jahren fand nicht nur die viel beschworene Abwanderung junger Akademiker von der Universität hin zur Zeitung statt, es gab noch ein zweites Phänomen, das als weiteres Indiz für die lamentablen Verhältnisse an der deutschen Universität aufzufassen ist, und das ist die Unzufriedenheit mit dem herrschenden Fächerkanon in einigen zentralen Geisteswissenschaften, insbesondere in der Germanistik und Kunstgeschichte, etwas weniger in Philosophie und Geschichtswissenschaft. Es waren geisteswissenschaftliche Umbrüche vornehmlich in den USA, in England und Frankreich – in Deutschland hat sich eigentlich nur die Mediengeschichte unabhängig entwickelt –, die diese jungen Unzufriedenen faszinierten: Technik- und Wissenschaftsgeschichte, Gender Studies, Körper- und eben Mediengeschichte und als jüngste die Bildwissenschaften. All diese neuen Richtungen haben gemeinsam, dass sie sich intensiv mit Naturwissenschaften und Technik auseinandersetzen.

Bemerkenswerterweise ist diese Neuorientierung in den neunziger Jahren von den Zeitungen viel schneller und nachhaltiger begriffen worden als von den Universitäten, wo die offizielle Naturwissenschafts- und Technikgeschichte weiterhin ihren Dauerschlaf schlummerte, sofern sie nicht abgewickelt wurde. Auch die nach der Wende von 1989 an mehreren Universitäten entstehenden Kulturwissenschaften haben auf diese Entwicklungen gespalten reagiert, indem sie Körper- und Mediengeschichte sowie Gender Studies integriert, Technik- und Wissenschaftsgeschichte indes völlig ignoriert haben. Ganz anders in den Feuilletons der Tageszeitungen. Es ist zwar richtig, dass sich naturwissenschaftliche und wissenschaftshistorische Themen über die Geisteswissenschaftsseiten eingeschlichen haben, aber dann sind sie schließlich im Kulturteil gelandet. Es ist hier nicht der Ort, die

Gründe dafür im Einzelnen zu untersuchen, aber ich möchte vermuten, dass das nicht bloß geschah, weil sich für naturwissenschaftliche Themen ein neues geisteswissenschaftliches Interesse fand, sondern weil sowohl Schriftsteller als auch bildende Künstler sich vermehrt mit diesen Sujets auseinander zu setzen begannen.

Die geschärfte Sensibilisierung für naturwissenschaftliche Themen hat nun nicht dazu geführt, dass diese als ewiger Sieger im Kampf um die Wahrheit stilisiert worden sind. Im Gegenteil: Die Aneignung vollzog sich in einer distanzierten, historisierenden Art und Weise. Dazu haben auch andere Entwicklungen beigetragen: in erster Linie Ausstellungen – beispielsweise im Dresdener Hygienemuseum – sowie die Publikation der Bücher einiger der wichtigsten Repräsentanten dieser neuen Wissenschaftsforschung in Deutschland, zum Beispiel Bruno Latour, Ian Hacking oder Lorraine Daston.

Vielleicht werden die späten neunziger Jahre, die kurze Zeitspanne vor dem 11. September 2001, einmal als große Illusion einer ganz auf sich selbst konzentrierten Gemeinschaft, die sich als Generation bezeichnet hat, in die Geschichte eingehen. In den Taumel von Netz, Napster und Nemax 50 reihte sich die Entzifferung des menschlichen Genoms ein, und man kann sich des Eindrucks nicht erwehren, dass das Feuilleton diesen Taumel ungefiltert transportiert hat. Nicht dass Craig Venter zu einer Feuilleton-Figur wurde, ist das Problem, sondern wie es geschah. Unglücklicherweise wurde die distanzierende, nüchterne Betrachtung aufgegeben und wich einer Rhetorik, die gleich eine wissenschaftliche Revolution und mit ihr ein neues wissenschaftliches Weltbild heraufziehen sah und das mit dem Gestus begleitete: Wir können sagen, wir sind dabei gewesen. Die aus meiner Sicht herausragende Bedeutung Venters ist dabei gar nicht thematisiert worden, nämlich dass er auf nachhaltige Weise mit den Wertmaßstäben des Naturwissenschaftlers gebrochen hat, wie sie im neunzehnten Jahrhundert kreiert wurden. Die alten Ideale von Uneigennützigkeit, organisiertem Skeptizismus und Kommunismus hat Venter virtuos mit Füßen getreten und damit im Grunde den Selbstbetrug einer ganzen Generation von Wissenschaftlern bloßgestellt. Venter war keineswegs der Erste, wohl aber der virtuoseste dieser neuen Spezies von Naturwissenschaftlern. Dabei hätte man sich schon ein paar Jahre zuvor durch Bruno Latours brillanten Aufsatz *Der Biologe als wilder Kapitalist* belehren lassen können, dass gerade die neuen Lebenswissenschaftler ihre marktwirtschaftliche Lektion gründlich gelernt haben.

Anstatt diese Zusammenhänge genauer zu analysieren, wurde die »dritte Kultur« ausgerufen. Das nun wiederum war keine Erfindung der »Frankfurter Allgemeinen Zeitung«, sondern des New Yorker Literaturagenten John Brokman, der unter diesem Signum die bei ihm unter Vertrag stehenden Autoren zusammenfasste. Schaut man sich diese Liste genauer an, so waren es natürlich nicht solche Autoren, die sich in beiden Kulturen auskennen, die Grenzen überspringen und so eine dritte Kultur bilden, die sich nicht mehr genau zuordnen lässt. Nein, es handelte sich ausschließlich um Naturwissenschaftler mit einem Hang zu Welt- und Zukunftserklärungen, die zudem über die Fähigkeit verfügen, anschaulich bzw. feuilletontauglich schreiben zu können. Diese Kombination – ein zweifellos wichtiges wissenschaftliches Ereignis plus die clevere New Yorker Literaturagentenrhetorik machte den Hype der Jahrhundertwende aus. Das Unbehagen über diese sonderbare Allianz beschlich nicht nur diejenigen, die für sich selbst und ihre eigenen Interessen einen Terrainverlust zu beklagen hatten, sondern auch diejenigen, die sich gerade daran gewöhnten, einen distanzierten, abwägenden und kontextualisierenden Blick auf die Naturwissenschaften zu wagen.

Zum Schluss: Es wäre völlig verfehlt, eine Prognose zu wagen oder gar einen Ratschlag zu geben, wie es mit der Naturwissenschaft im Feuilleton weitergehen soll. Themen kommen und gehen: Das menschliche Genom ist irgendwann durchdiskutiert, ebenso wie die Stammzellen oder die Neurodidaktik. Naturwissenschaftler sind damit übrigens völlig zufrieden, wenn sie nur ihre Forschungsgelder bewilligt bekommen haben und in Ruhe weiterforschen können. Wären damit die Naturwissenschaften in toto erledigt? Wohl kaum. Die Infektion der Geisteswissenschaften durch Wissenschaftsforschung und -geschichte scheint mir auf absehbare Zeit irreversibel zu sein. Man braucht auch keine Angst darum zu haben, dass Vertreter der dritten Kultur, wie ich sie verstehen möchte, nämlich als Grenzgänger zwischen den beiden Kulturen, weiterhin den öffentlichen Raum bevölkern werden: in Ausstellungen, Symposien und Texten. Und schließlich bin ich sicher, dass es gemeinsame Interessen und Projekte zwischen diesen Grenzgängern, Künstlern und Schriftstellern weiterhin geben wird. Was daraus im Feuilleton wird, bleibt abzuwarten. Das entscheiden einzig und allein diejenigen, die die Zeitung machen. Aus meiner Perspektive ist es letztlich gleichgültig, wo die Naturwissenschaften in der Tageszeitung verhandelt werden, ob im Kulturteil, in der Abteilung Wissen oder auf der Wissenschaftsseite. Entscheidend ist, dass sie diskutiert werden. Ich möchte nur zu bedenken geben, dass es die Kulturseiten waren, die der hier skizzierten kontextualisierenden Betrachtung der Naturwissenschaften Raum gegeben haben, und nicht die Wissenschaftsseiten, und das ist eine der erfreulichsten Entwicklungen der öffentlichen Diskussionskultur. Es hat zur intellektuellen Profilierung des Feuilletons beigetragen, und umgekehrt haben auch die Naturwissenschaften davon profitiert, indem sie nämlich ein Forum erhielten, das ihnen vorher nicht zur Verfügung stand.

Wissenschaftskulturen
jenseits der Institutionen

von Rainer Erlinger

Der Titel des Beitrags wirft zwei Fragen auf. Mutet nicht die Vorstellung einer Wissenschaft außerhalb von Institutionen heute komisch an? Geradezu anachronistisch in einer Zeit, in der sich Wissenschaftsinstitutionen supranational zusammenschließen, um die notwendigen Mittel für die immer aufwendigere Forschung zu erlangen. Eine derartige Vorstellung scheint sogar verdächtig, von dem Bild eines Privatgelehrten des 19. oder 18. Jahrhunderts auszugehen, der in seiner Studierstube sitzt und – eben außerhalb der Institutionen – Wissenschaft betreibt. Ein Bild, das heute ganz einfach überholt ist.

Und die zweite Frage, die sich hier natürlich aufdrängt, ist: Was hat das Ganze denn mit dem Feuilleton zu tun?

Eigentlich würde ich dem Beitrag gerne den Untertitel »Die Idee der Universität – revisited« geben, in Anlehnung an Karl Jaspers 1946 erschienene, leider viel zu wenig beachtete Schrift »Die Idee der Universität«. Will man etwas über die Wissenschaft, ihre Bedeutung, ihre Strukturen wissen und sie begreifen, ist Jaspers' Abhandlung eine Schatzgrube. Ihre Grundaussage ist, dass der einzige Antrieb, die einzige Begründung der Wissenschaft das ursprüngliche Wissenwollen sein kann und darf. Doch Jaspers beschäftigt sich auch mit den äußeren Bedingungen der Wissenschaft, die für die hier interessierende Frage relevant sind.

Schon das Inhaltsverzeichnis scheint unsere Frage zu beantworten, und zwar negativ, denn Jaspers überschreibt ein Kapitel »Die Notwendigkeit der Institution«, und ein Blick in das Kapitel offenbart:

»Die Schöpfung und die Existenz des Einzelnen ist in Gefahr, wirkungslos zu vergehen. Sie bedarf der Aufnahme in eine institutionell gesicherte Tradition, damit sie auch den Nachfahren Weckung, Lehre, Gegenstand wird. Wissenschaftliche Leistungen im Besonderen sind gebunden an materielle Mittel, die dem Einzelnen nur selten zur Verfügung stehen, und an Zusammenarbeit vieler, die nur durch eine dauernde Institution ermöglicht wird.«

Also keine funktionierenden Wissenschaftsstrukturen außerhalb? Doch Jaspers fährt fort:

»Das alles aber darf nicht zu dem Hochmut führen, die Universität sei die einzige und eigentliche Stätte geistigen Lebens. ... Das Schöpferische entsteht in häufigen Fällen außerhalb der Universität, wird von dieser zunächst abgelehnt, dann aber angeeignet, bis es die Herrschaft gewinnt.«

Grundsätzlich kann also Wissenschaft auch jenseits der institutionellen Strukturen stattfinden, und, wie Jaspers im Weiteren belegt, hat sie dort schon immer stattgefunden. Kann sie dies aber auch im heutigen Zeitalter der Großforschungseinrichtungen noch? Hier wird zu differenzieren sein. Die Gewinnung von Forschungsergebnissen speziell in den Naturwissenschaften ist heute außerhalb von Institutionen nicht mehr vorstellbar. Ob diese Institutionen nun die Universität, wie bei Jaspers, andere, vielleicht supranationale Großforschungseinrichtungen oder aber kommerzielle Unternehmen wie Craig Venters Celera Genomics sind, bleibt unerheblich. Mittel in dieser Größenordnung sind sicherlich an Institutionen irgendeiner Form gebunden. Doch die Wissenschaft hat ja auch im naturwissenschaftlichen Bereich noch einen anderen Aspekt neben der Datengewinnung, nämlich die Auswertung der Daten, deren Einordnung in das Bekannte und deren Interpretation. Dies findet statt durch Kommunikation – ich darf erneut Jaspers zitieren:

»Zur Wahrheit gehört, dass alles geistig Gesagte und Ergriffene eine Wirkung auf den Menschen hat. Die Kommunikation selber ist ein Ursprung des Wahrheitsfindens durch das Erproben dieser Wirkung.«

Und damit sind wir bei der zweiten Frage, was das mit dem Feuilleton zu tun hat. Kann etwa das Feuilleton diese Funktion der Kommunikation übernehmen? Die wirklich wichtige, den Erkenntnisgewinn befördernde Kommunikation findet in den wissenschaftlichen Publikationen statt. Die »Veröffentlichung« ist das Zauberwort der universitären Laufbahn. Nur, was ist

»veröffentlicht«? Ist denn eine Meinung veröffentlicht, wenn sie in einer hoch spezialisierten Fachzeitschrift erscheint? Mit einer Auflage von unter 1000 Exemplaren, die an wenigen, aber allen in diesem Bereich entscheidenden Stellen gehalten, gelesen, gebunden und dann gelagert werden? Ist denn eine Meinung nicht viel öffentlicher, wenn sie in einer Auflage von einer halben Million tagtäglich buchstäblich überall, an jeder Straßenecke zu finden ist? Ich habe das jetzt absichtlich so gegenübergestellt um auf einen Aspekt hinzuführen, der mir wichtig erscheint: Es ist die Frage der Schnelligkeit auf der einen und Dauerhaftigkeit auf der anderen Seite.

Ich will mich auf die Fächer beschränken, aus denen ich komme und in denen ich wissenschaftlich tätig bin: Medizin (oder weiter Biowissenschaften) und Jura.

Gerade bei letzteren, den Rechtswissenschaften, kann man in Bezug auf unser Thema eine interessante Beobachtung machen. Greifen wir uns zum Beispiel die Diskussion um das Foltern in Extremsituationen, Sie erinnern sich an den Fall des Entführers von Jakob von Metzler. In den ersten Tagen fanden sich Beiträge von renommierten Strafrechtlern und Verfassungsrechtlern in den Feuilletons. Standpunkte, Artikel, welche lediglich die Rechtslage referierten, aber auch solche, welche die Diskussion weiterbrachten. Der Fall war nämlich bislang in der Rechtswissenschaft zwar behandelt (darf man denjenigen foltern, der eine Atombombe in einer Großstadt versteckt hat, um sie zu entschärfen?), aber wegen seiner Unwahrscheinlichkeit (ein so genannter »Lehrbuchfall«) auch belächelt worden. Nun war plötzlich ein realer Fall da, und die Diskussion entbrannte aufs Neue – tatsächlich zunächst in den Zeitungen. Nur – und damit komme ich zum Ausgangspunkt zurück –, mit der Verzögerung, die nun einmal wissenschaftliche Publikationen haben, verlagerte sich die Debatte dann in die wissenschaftlichen Zeitschriften und kann dort überdauern, weil sie eben nicht auf den Tag, sondern fast möchte man sagen auf die Ewigkeit gerichtet sind. Oder aber die Debatte um die Sterbehilfe. Von denselben Autoren, die sie in den Tageszeitungen führen, erscheinen Aufsätze zum Teil später, zum Teil vorher in den Fachzeitschriften. Und diese werden dann meist zitiert, weil sie eben systematisch in das »Gedächtnis« der Bibliotheken eingegangen sind.

Und wie sieht es in den Biowissenschaften aus? Hier zeigt sich ein großer Unterschied zu den Geisteswissenschaften und zur Rechtswissenschaft: Während bei Letzteren der Kern der Forschung »verbal« stattfindet, sich also prinzipiell in die Rotationspresse verlagern ließe, ist das bei den Biowissenschaften von vornherein nicht der Fall. Der primäre Teil der Forschungsarbeit, die Generierung von Daten, findet nicht am Schreibtisch, sondern im Labor, in der Klinik, an den großen Geräten statt. Kann sich damit die Wissenschaft außerhalb von eben diesen Strukturen etablieren?

Ich denke, die Antwort heißt hier ganz klar: *Nein*. Im Kernbereich dieser Fächer ist das schon strukturell nicht möglich. Oder kann man sich vorstellen, dass die Basensequenz auf Chromosom 17 nun nach der Diskussion in den Tages- und Wochenzeitungen doch noch ein bisschen anders ausfällt? Dass man die Hormontherapie nach jahrelangen Studien, Doppelblindversuchen und Nebenwirkungsanalysen nun doch anders dosiert, nicht weil die Studien bestimmte Ergebnisse gebracht haben, sondern weil in der Zeitung auf die Probleme hingewiesen wurde? Hier kann das Feuilleton, was diesen Kernbereich angeht, nur berichten, erläutern, analysieren, werten und – nicht unwichtig, weitere Entwicklungen er- und abwägen. Aber eben nicht – und das ist entscheidend – Daten im Kernbereich produzieren.

Ist also das Feuilleton, gerade was die Biowissenschaften, z. B. die Genetik angeht, damit zum Sportteil dieser Fächer geworden? Manchmal hatte man ja den Eindruck, als es um die Berichte von den wissenschaftlichen Wettrennen um die Entschlüsselung des Genoms ging. Jeden Tag neue Meldungen mit Zeiten, Prozentrekorden und Medaillenverleihungen beim Präsidenten. Ist das also die neue Funktion des Feuilletons in den Naturwissenschaften? Wie ein Sportteil informiert es die Außenstehenden, versorgt sie einerseits mit den Neuigkeiten, deckt andererseits Zusammenhänge auf, die in der sonstigen aktuellen Berichterstattung zu kurz kommen, bettet sie in das Gesamtgeschehen ein. Ist es nicht wie der Sportteil gleichzeitig auch Spiegel für die Akteure, seien es Sportler, Wissenschaftler oder Funktionäre auf beiden Gebieten, die sich darin wiederfinden wollen? Wie steht es beim Sportteil mit dem Einfluss auf den Kernbereich des Fachs »Sport« selbst? Es springt doch niemand höher, läuft schneller oder schießt mehr Tore aufgrund von Informationen oder Debatten aus und in den Sportseiten. Und haben wir nicht eben gesehen, dass es dem Feuilleton im Kernbereich der Biowissenschaften genauso ergeht? Dass es in diesen Bereich prinzipiell nie vordringen, dort nichts zur Daten- und Informationsgewinnung beitragen kann.

Diese Sichtweise, so pointiert sie auch sein mag, greift aber zu kurz. Gerade auch Wissenschaften, die durch die Diskussion in ihren Ergebnissen so wenig beeinflussbar sind wie etwa die Medizin oder die Biowissenschaften, aber auch die offensichtlich stark in sich ruhende Jurisprudenz, haben eine besonders starke Beziehung zu ihrer Umgebung. Karl Jaspers hat das folgendermaßen formuliert:

»Theologie und Jurisprudenz und Medizin haben einen Zweck außerhalb der Wissenschaft: das ewige Heil der Seele, das bürgerliche Wohl als Glied der Gesellschaft, das Leibeswohl (Kant). Damit haben sie ihren Ursprung außerhalb der Wissenschaften. In ihnen treten Voraussetzungen auf, die nicht von wissenschaftlicher Eigenständigkeit sind, vielmehr der Wissenschaft Gehalt geben, Aufgabe und Ziel setzen. ... In der Jurisprudenz handelt es sich um das positive Recht des Staates, das, durch die Staatsmacht hervorgebracht und verwirklicht, logisch verstanden und in der Anwendung rational berechenbar gemacht wird. In der Medizin handelt es sich um die Gesundheit des Menschen, ihre Erhaltung, Förderung und Wiederherstellung aufgrund eines Wissens, das die Natur des Menschen begreift.
Jedes Mal ist für das gesamte Tun dieser Fakultäten ein nicht wissenschaftlicher Boden. Wissenschaft erhellt diesen Boden. Oder es gerät das Tun dieser Fakultäten ins Bodenlose.«

Jaspers nimmt dann 1945 – geprägt durch die gerade durchlebte Geschichte – Bezug auf die Auswüchse und Perversionen, die Jurisprudenz und Medizin im Nationalsozialismus erfahren haben, und betont so, wie wichtig die Einbettung in äußere Voraussetzungen für diese Fächer ist:

»Vernunft, Naturrecht (Gerechtigkeit), Leben und Gesundheit sind unumgängliche Maßstäbe, wenn das Forschen und Tun der drei oberen Fakultäten Sinn behalten soll.«

Mit anderen Worten sind die vermeintlichen »Randthemen«, nämlich die Ziele, die Grundlagen und vor allem auch die Grenzen für die Medizin und die Biowissenschaften genauso wie für die Jurisprudenz, in Wahrheit zentrale Themen, weil sie Fundament, Berechtigung und zum Teil auch Rechtfertigung bilden.

Betrachtet man die letzten Jahre, finden sich etliche dieser Themen in den Bereichen Medizin, Biowissenschaften, Recht und gerade an ihren Schnittpunkten, welche die Debatte in den Feuilletons beherrscht haben: Folgen und Grenzen der Genforschung, die Fragen um Beginn und Ende des Lebens, Menschenwürde des Embryos und Sterbehilfe, Rechte und Pflichten des Einzelnen im Rechtsstaat, Eingriffsrechte des Rechtsstaats gegenüber dem Einzelnen, Aufgaben und Grenzen der Medizin.

Fast könnte man sagen, dass es die Themen sind, die essenziell für die Fächer sind, sich aber in sie nicht problemfrei einordnen lassen. Vor allem sind es Themen, bei denen etwa die Außensicht extrem wichtig ist. Sie dürfen zum einen nicht nur von den jeweiligen Fachleuten bestimmt und in eigener Herrlichkeit bearbeitet werden. Sie müssen aber auf der anderen Seite auch nach außen getragen, in der wirklichen Öffentlichkeit und nicht nur in der Fachöffentlichkeit diskutiert werden.

Beide Funktionen, die eben nicht nur Randbereiche der jeweiligen Wissenschaft betreffen, sondern auch zur Wissenschaftskultur gehören, erfüllt die – ich wähle jetzt bewusst provokativ diese Bezeichnung – Institution des Feuilletons, welches damit Teil dieser Wissenschaftskultur ist.

Technologie, Technologietransfer, Technikkult

von Dietmar Dath

Irgend einen Grund hat inzwischen fast alles.

So spät ist es bereits auf der Welt – die mehr oder weniger grundlosen Sachen sind sehr lange her, so zwischen Urknall und etwa eine Planckzeit später. Manche Fragen nach Gründen haben allerdings selber keine besonders guten. Zum Beispiel wollen besorgte Menschen hin und wieder immer noch dringend wissen, warum auf den Feuilletonseiten der jeweiligen großen deutschsprachigen überregionalen Tageszeitung, die diese Menschen lesen, plötzlich nicht mehr nur, wie sonst seit vielen, vielen Jahren, von Konzeptkunst, Innerem Monolog, Dekonstruktion, Regietheater, Nomos, Gnosis und Rock'n'Roll die Rede ist – also von lauter Sachen, für die sich der Mensch erst interessiert, wenn er den Naturzusammenhang verlassen hat und dem Spiel der Elemente nicht mehr völlig schutzlos ausgeliefert ist –, sondern zusätzlich auch noch von Bio-, Mikro- und Nano-Kram, von Gonaden, Halbleitern, reproduktivem Klonen, Kopierschutz, Routern und Mitochondrien.

Wer sich fragt, was all diese oft recht hässlichen, dafür aber erfreulich sauber definierbaren Wörter von ihm wollen, der liest anscheinend sonst nicht viel Zeitgenössisches und bezieht sein Weltbild offenbar recht exklusiv von den Feuilletonseiten großer deutschsprachiger überregionaler Tageszeitungen. Darauf muss man, wenn es sich tatsächlich so verhält, nicht übertrieben stolz sein, es wirkt durchaus ein bisschen träge.

Wenn wir uns im sonstigen Gedruckten umschauen und die populäre, semipopuläre und fachorientierte Wissenschafts- und Technikpresse dabei mal außen vor lassen, begegnet uns das Zeug nämlich längst überall, selbst in den obskursten Winkelchen: Im schönen Magazin »Erwachet!« zum Beispiel, herausgegeben von der Wachturm-Gesellschaft der Zeugen Jehovas, finden sich außer allerlei pflichtschuldigst herabsetzenden Bemerkungen über Charles Darwin schon seit langem hervorragende Texte darüber, was die Fruchtfliege alles kann, wie die Zelle funktioniert, wozu wir ein Gehirn brauchen und was amerikanische Wissenschaftler jetzt schon wieder herausgefunden oder angestellt haben. In der »Roten Fahne«, herausgegeben von der Marxistisch-Leninistischen Partei Deutschlands (MLPD) lief vor kurzem eine Serie über das »Weltbild der neuen Physik«, verfasst von einem Genossen, der in diesem Fach sogar einen akademischen Grad erworben hat und ohne Scheu seine Meinungen über einige Fragen der Wissenschaftsphilosophie zwischen Instrumentalismus, Operationalismus und Materialismus vor dem grimmig kämpferischen Parteivolk in Bochum, Freiburg und Berlin ausbreitet. Und in der Techno-Musikzeitschrift »De:Bug«, herausgegeben von jungen Leuten, die Drogen nehmen, gerne zu lautem Krach durch von maschinell erzeugten Blitzen erleuchtete Räume hüpfen und wenig von Langeweile halten, lesen wir ständig das Aktuellste aus der Computer- und Künstliche-Intelligenz-Forschung, neben anderem, das Goethe ebenfalls nicht gewusst hat, aber bestimmt gern erfahren hätte.

Der Vorsprung, den einige von uns, die wir da täglich in großen deutschsprachigen überregionalen Tageszeitungen Meinungen produzieren und vervielfältigen, bei der Erörterung geklonter Nano-Würmer mit Biochips im Kopf vor ein paar Jahren noch gehabt haben mögen, ist unwiederbringlich dahin: Schon kann man am Kiosk eine deutschsprachige Ausgabe eines unserer Hausorgane kaufen, der hervorragenden »Technology Review« des Massachusetts Institute of Technology, »WIRED« kennt auch bald jede Bibliothekarin der evangelischen Stadtbücherei, und der Opa meiner Freundin ist so was von online, dagegen haben berufstätige, noch nicht pensionierte Lebewesen keine Chance.

Krempeln wir diesen Befund nun nach außen und fragen, wie oben missmutig versprochen, mal nach den Gründen, die es für sein Zustandekommen geben mag, so haben wir dabei grundsätzlich zwei Optionen: Wir können uns 1.) doof stellen und reduktionistisch vorgehen, oder wir geben 2.) zu, dass wir wissen, wann und wo wir in Wirklichkeit leben und was da gerade los ist. Die doofe Version zuerst: Reduktionistisch gesehen gibt es für jedes derartige Einzelphänomen irgendeinen banalen Einzelgrund. Die Zeugen Jehovas müssen sich mit der Gen- und Reproduktionstechnologie und ihrer Wissenschaft befassen, weil sie das als religiöse Spinner ihrem Antidarwinismus und ihrer mindestens viertausend Jahre alten Bio-Ethik schuldig sind; die Marxisten schreiben jene kanonische Tradition ihrer tapferen kleinen Sekte fort, die mit Friedrich Engels' »Dialektik der Natur« begonnen hat; die jungen Techno-Hüpfer haben irgendwann entdeckt, dass ihre Lieblingsmusik offensichtlich mit Hilfe moderner Maschinen fabriziert wird, für die es auch sonst faszinierende Gebrauchsmöglichkeiten gibt; und der Wissensvorsprung der Science-Berauschten schrumpft, weil Pop-Science ein Marktsegment im Printmedienbereich darstellt, das jetzt ordentlich überschwemmt, ausgebeutet, vertieft, erweitert und beackert werden muss, weil man das mit Marktsegmenten halt so macht.

Dass all diese verschiedenen Gründe ausgerechnet seit etwa anderthalb Lustren zum Tragen kommen und nicht vorher, liegt laut dieser naiven und reduktionistischen Sicht der Dinge dann eben am unerforschlichen Ratschluss höherer Mächte.

Etwas weniger naiv, etwas holistischer also und vernünftiger, könnte man jedoch vermuten, dass irgendwo da draußen aufgrund der jüngsten Fortschritte insbesondere im Bereich der Mikroelektronik ein paar wissenschaftlich erschlossene Produktivkraftsprünge stattgefunden haben, in deren Folge wir, die entwickelten Gesellschaften der reichen Länder, plötzlich das Internet aufziehen konnten, das menschliche Genom entschlüsseln, viele Lohnabhängige von ihren Arbeitsplätzen befreien und neue, sich bis an die Grenze der physikalischen Kleinst-Zusammenhänge vortastende Maschinen entwerfen. Das alles hat unser Leben sowie folglich – sofern wir nicht verrückt sind – auch unser Denken verändert. Damit das, was sich daraus an neuen Ideen ergibt, in der Rede über die »Kultur« vorkommt, muss sich noch nicht mal diese Kultur nennenswert mitverändern, obwohl sie das natürlich tut – es genügt, dass sich die Aufmerksamkeitsökonomie derer verändert, die über Kultur reden und schreiben.

Man kann dieses Phänomen aufgrund der in seiner bezaubernd wirren Anlaufphase unvermeidlichen Fehlschlüsse, Rauschzustände, Wahnvorstellungen und Irrsinnstexte dann in beleidigter Bedenkenträger-Manier als bedrohlichen »Technikkult« empfinden und sich darüber aufregen oder lustig machen.

Warum das jemand tun wollen sollte, ist mir allerdings nicht ganz klar – ich verstehe nicht, wie man die Aussicht, rückständiger und muffiger zu empfinden, zu denken und zu argumentieren als Zeugen Jehovas, Marxisten aus dem Ruhrpott und junge Menschen unter Drogen, für etwas Erstrebenswertes halten kann.

Aber dies ist ein freies Land, es soll ja auch Menschen geben, die sich den Kaiser, die Bronzezeit oder das Matriarchat zurückwünschen, und solange sie nicht straffällig werden, soll man sie unbehelligt lassen.

Ein anderer Gedanke scheint mir in diesem Zusammenhang indes aufregender: Was, wenn die neue, durch eine in der Tat revolutionäre Veränderung des Lebens auf den Weg gebrachte und formatierte Aufmerksamkeitsökonomie tatsächlich nicht nur die notwendig passende Denkweise zum veränderten Leben anstößt, sondern im Denken, im Empfinden, in der Kultur tatsächlich, wie die Kostverächter raunen, so etwas wie Überschuss produziert?

Luxus wie der, den ich meine, schafft bei bestimmten Leuten zunächst mal Angst.

Sie fürchten sich davor, dass ihre humanistischen Kulturkenntnisse obsolet werden, wenn es plötzlich neue Brillengläser gibt, mit denen man Dinge neu anschauen kann, die eben nicht in den letzten sieben Jahren entstanden sind, sondern immer schon da waren und laufend neu entstehen: Goethes Naturphilosophie, Hegels Wissenschaft der Logik, Novalis' spekulative Schriften, Karl Popper, Becketts Lucky-Monolog in »En attendant Godot«, Hans Blumenberg, den Sokal-Hoax, Kubismus und russischen Konstruktivismus, John Cage, Brechts »Leben des Galilei«, den Film »pi«, das Telemachus-Kapitel von Joyces »Ulysses«, das Stück »Kopenhagen«, die Sloterdijk-Debatte, Schönbergs Dodekaphonie, Video- und Internetkunst, den Positivismusstreit ...

Als einige dieser Dinge neu waren, gab es noch kein Wissenschaftsfeuilleton, um diesen Wechselbalg hier also endlich mal beim Namen zu nennen – aber wäre es nicht zu schönsten Diskussionen gekommen, wenn's da schon eins gegeben hätte? Das abzustreiten, kommt mir philiströs und studienrätlich vor, sehr deutsch natürlich auch. Ich weiß nicht, ob es die Erleuchtung verhindert oder die Durchgeistigung verunreinigt, wenn man weiß, was Microtubuli sind. Ich weiß aber, dass man etwas darüber sagen darf, wenn man es weiß, und dass aus dem Dürfen ein Müssen wird, aus der Erlaubtheit eine Pflicht, wenn das, was man dazu zu sagen hat, von den Wissenschaftlern, die für Microtubuli zuständig sind, noch nicht gesagt wurde. Dies soll im Wissenschaftsfeuilleton schon vorgekommen sein.

Sicher ist eines: dass Erleuchtung und Durchgeistigung in diesem Land immer noch überschätzt werden – außer von Zeugen Jehovas, Marxisten und jungen Leuten mit bunten Pillen im Mund. Auch dafür gibt es Gründe. Aber die sind so langweilig, dass Sie mir ihre Darlegung bitte erlassen möchten.

Diskussion

Heinz Bude: Entgegen dem Eindruck, den die Vortragenden von sich selbst zu haben scheinen, sind hier doch offenbare Widersprüche an den Tag gekommen. Michael Hagner hat – einfach ausgedrückt – den Standpunkt vertreten, Wissen sei Information plus Bewertung, Wissen komme also erst zustande, wenn eine Bewertung hinzutrete. Der Gegenstand des Feuilletons ist insofern nicht Information, sondern Wissen. Rainer Erlinger hat von der Einbettung der Information gesprochen. Im Bezug auf die jüngste Ausweitung des Feuilletons mag dem die Vorstellung entsprechen, da habe es zunächst Informationen gegeben, die dann in den Bewertungszusammenhang der Zeitung eingebettet worden seien. Das glaube ich nicht, weder für den Fall der Naturwissenschaften noch besonders für den Fall der Lebenswissenschaften. Und schon gar nicht, wenn es um Phänomene wie die »Menopause« geht, um ein Thema also von großer gesellschaftlicher Brisanz. Wir müssen uns solche Prozesse, glaube ich, anders vorstellen: Information plus Bewertung macht ein gesellschaftlich folgenreiches Wissen möglich, und genau diese Prozedur wird gesellschaftlicher Diskursivität zugänglich gemacht. Wir haben es also nicht nur mit Einbettungen zu tun, sondern mit der Produktion dieses Wissens in den Wissenschaften. Damit erst sind wir beim Kerngeschäft intellektueller Tätigkeit und also auch des Feuilletons angelangt – da mag man noch so viel über »kompetente Inkompetenz« spotten.

Rainer Erlinger: Da scheint es mir doch eher um Fragen der Definition zu gehen. Bleiben wir beim Beispiel Menopause. Auf der einen Seite gibt es nach einer Hormontherapie einen Gewinn an Lebensqualität, einen Gewinn an Knochendichte oder was auch immer. Auf der anderen Seite existiert ein Risiko, in Gestalt von Herz-Kreislauf-Erkrankungen, in Gestalt von malignen Entartungen. Und es gibt die Kosten. Die Abwägung von Nutzen und

Risiko – und dabei geht es nicht nur um Informationen, sondern durchaus um Wissen – findet zunächst innerhalb der Medizin statt. Und das muss auch so sein: Der Mediziner kann sich dabei nicht davon leiten lassen, was die Zeitungen darüber schreiben.

Heinz Bude: Die interessanteste Figur in diesem Zusammenhang ist doch der Gynäkologe, der Mann, der die Indikation stellen muss. Er sucht nach einem Begründungszusammenhang, er muss sich entscheiden, ob er zu einer Medikation greifen soll oder nicht, er muss sich überlegen, nach welchen Maßstäben er handeln soll – und diese Diskussion mag in der Medizin angefangen haben, aber sie ist als allgemein ethische Diskussion verlaufen.

Martin Bauer: Karl Jaspers, auf den sich Rainer Erlinger berufen hat, argumentiert bekanntlich in der Tradition Martin Heideggers, der in einem berühmt gewordenen Diktum gesagt hatte: Die Wissenschaft denkt nicht. Und weil sie das nach Heideggers Überzeugung nicht tut, müssen wohl andere für sie denken, womit der Freiburger Philosoph selbstverständlich den eigenen Berufsstand meinte, also die Philosophen. Diese Spezialisten fürs Allgemeine hätten dann womöglich in Gestalt normativer Wissenschaftstheorie das bedauerliche Denkdefizit positiver Wissenschaft zu kompensieren. An deren Stelle möchte Herr Erlinger nun das Feuilleton gerückt wissen. Der Vorschlag klingt so, als würde jemand behaupten, dass Sportler nicht denken, weshalb sie des Sportteils vom Montag bedürfen, damit stellvertretend für sie gedacht werde. Ich glaube aber nicht, dass der Befund richtig ist. Schon Heideggers Prämisse ist ja falsch gewesen. Man kann nicht allen Ernstes behaupten, es gäbe einerseits so etwas wie die normale wissenschaftliche Forschung, die etwa in geschlossenen Großforschungszentren stattfindet, und andererseits irgendeine, womöglich sogar philosophische Peripherie, an der sich kluge Leute strebend darum bemühen, dass die verwendeten Begriffe gut definiert, die Schlussfolgerungen korrekt gezogen, nicht zu viele ad-hoc Hypothesen gebildet und überhaupt sparsam mit abstrakten Entitäten umgegangen wird. Das ist schlichter Unsinn.

Michael Hagner: Die harte Frage ist doch die nach der Epistemologie. Wie wird wissenschaftliches Wissen gewonnen? Es gibt leider eine lange deutsche Tradition – Martin Heidegger ist schon genannt worden, aber auch von der Frankfurter Schule wäre zu sprechen –, in der man sich mit dieser Frage nicht beschäftigte, nicht zuletzt, weil sie von vornherein unter dem Verdacht der Ideologie stand. Welche Faktoren, welche Elemente in die Produktion des naturwissenschaftlichen Wissens eingehen, ist jedoch von entscheidender Bedeutung. Vielleicht hat Rainer Erlinger sein Beispiel, eben das Klimakterium, etwas unglücklich gewählt. Die Entscheidung über eine Hormontherapie – und erst recht die Frage nach der Dosierung – mag in letzter Instanz nicht davon abhängen, was in der Öffentlichkeit darüber gesagt wird. Es gibt aber gerade in der Biomedizin andere Bereiche, die auf schlagende Weise bezeugen, wie sehr Öffentlichkeit und Wissenschaft miteinander verknüpft sind: Die Geburtshilfe etwa hat sich durch die Frauenbewegung in den vergangenen fünfundzwanzig Jahren komplett verändert, ähnlich die Psychiatrie durch veränderte gesellschaftliche Bewertungen. So etwas geht selbstredend in die Wissenschaften ein.

Eckhard Fuhr: Es kommt mir doch so vor, als wenn wir einer großen Selbstüberschätzung erlägen, wenn wir wieder einmal fragen, welche Rolle das Feuilleton für die Wissenschaft spielt. Rainer Erlinger hat dem Feuilleton eine wichtige Funktion im Wissenschaftsprozess zugewiesen. Dem steht zunächst entgegen, dass das naturwissenschaftliche Feuilleton ein relativ junges Phänomen ist. Und wenn man beginnt, über die öffentliche Behandlung von medizinischen Problemen zu sprechen, frage ich mich, ob man nicht viel trivialere Dinge hinzuziehen müsste – die Mitgliederzeitschriften der Krankenkassen, um nur ein Beispiel zu nennen, Verbandszeitschriften für Ärzte und dergleichen mehr. Etwas mehr Bescheidenheit wäre hier wohl angesagt.

Jens Jessen: Martin Bauer hat mit schöner Offenheit dargelegt, wie die Vorstellung verläuft, dass Wissenschaftler forschen, während andere deuten, was jene tun. Umgekehrt gibt es aber auch die Haltung der Wissenschaftler, die bemerken, dass sie wieder nicht das gemacht haben, was in der Öffentlichkeit so »knackig« und greifbar erscheint. Die Entscheidung über diese Frage aber ist nicht immer in der Antwort zu suchen, wer die jeweilige Auslegungskompetenz besitzt. Manchmal geht es einfach um große Annäherungsschwierigkeiten zwischen Natur- und Geisteswissenschaften, und das Feuilleton steht auf Grund seiner Tradition den Geisteswissenschaften näher. Dadurch neigt es auch zu bestimmten Überschätzungen. Dietmar Dath hat in seinem Text daher auch mit einer ganz törichten Unterstellung gearbeitet, nämlich jener, wonach Feuilletonisten technikfeindlich seien. Das Problem aber liegt woanders. Es liegt darin, dass der Sciencefiction-Hype, der um die Gentechnik herum produziert wurde, nicht seriös wirkte – weder auf die Naturwissenschaftler noch auf die Geisteswissenschaftler.

Gustav Seibt: Seit fünfzig Jahren gibt es eine Berichterstattung über die Naturwissenschaften in den Tageszeitungen. Und selbst für Geisteswissenschaftler war – auch wenn sie nur gelegentlich eine Zeitung aufschlugen – die Entschlüsselung des Genoms keine Sensation. Mir hat sich die Angelegenheit zunächst so dargestellt, dass das naturwissenschaftliche Feuilleton nach einem anderen Umbruch verlangte. Was bisher auf einer hinteren Seite erschienen wäre, wurde plötzlich zum Aufmacher. Das aber ändert nichts an einem Grundproblem, das hier besonders virulent wurde, nämlich das der fachlichen Beglaubigung. Die Unterscheidung der wissenschaftlichen Kulturen ist insofern kein reiner Wahn, als dass ein akademischer Grad in den Literaturwissenschaften für einen Literaturkritiker eben nicht zwingend geboten ist – gelten aber dieselben laxen Voraussetzungen für die Naturwissenschaften? Sie haben mit Sicherheit eigene Voraussetzungen, und ich bin nach wie vor davon überzeugt, dass man sie respektieren muss. Wenn nun hin und wieder in den Feuilletons davon die Rede war, man könne ein Bewusstsein »scannen« und auf diese Weise demnächst »ewig« werden, dann halte ich das für die feuilletonistische Konsequenz einer Schwellensituation in der Geschichte der Naturwissenschaften – und eine Konsequenz, die sich, wie all diese Konsequenzen, sehr bald als falsch erweist.

Patrick Bahners: Die Wissenschaft denkt – das kann man nicht in Zweifel ziehen, aber es gehört offenbar eine gewisse List dazu, dieses Denken erkennbar werden zu lassen und vor allem an die Öffentlichkeit zu bringen. Es gehört auch eine gewisse List dazu, es der Wissenschaft nicht durchgehen zu lassen, dass sie selbst ihre eigene Außendarstellung bestimmt. Es mag allerdings sein, dass die Geisteswissenschaften den Naturwissenschaften immer dann auf den Leim gehen, wenn sie glauben, dass die Naturwissenschaften älter sind, als es faktisch der Fall ist. Michael Hagner hat überzeugend dargelegt, wie die Naturwissenschaften ein Interesse daran haben, etwas altertümlicher zu gelten, als sie es der Sache nach sind. So sind die beiden Lieblingsvorstellungen der Naturwissenschaften angelegt, die eine, sie seien ein Räderwerk, wo das eine Rad ins nächste greift, wie die andere, die vom großen Einzelnen träumt. Beiden Vorstellungen ist gemeinsam, dass sie die öffentliche Kontroverse zu unterlaufen trachten. Dies nicht zuzulassen, diese Vorstellungen an einen vernünftigen Austausch zu verweisen, das gehört zu den wesentlichen Aufgaben eines Feuilletons.

Michael Hagner: Sie alle kennen die teutonische, maßlose Formel von Friedrich Kittler, Rockmusik sei Missbrauch von Heeresgerät. In diesem Satz verbirgt sich dennoch ein richtiger Kern: Der Zweite Weltkrieg mitsamt seiner Kriegsforschung rief einen technologischen Schub hervor. Die Kybernetik ist ein – dann erfolgloser – Versuch einer Kriegswissenschaft gewesen, der später auch zu einem kulturellen Phänomen wurde. Jetzt befinden wir uns in einer umgekehrten Situation: Teile der Forschung sind Missbrauch von Pop. Das Ende des sowjetischen Imperiums hat zu einem fundamentalen Wandel in der Bewertung der Naturwissenschaften geführt. Dass Steven Weinberg seinen späten Wunsch nach einem neuen Teilchenbeschleuniger nicht mehr bewilligt bekommen hat, wäre zu Zeiten der westöstlichen Konfrontation undenkbar gewesen. Diese Verweigerung, diese Krise, hat zu einer kulturalistischen Wende der Naturwissenschaften geführt. Die Feuilletons scheinen mir darauf – eben weil dieses Verhältnis reziprok ist – durchaus angemessen zu reagieren.

# VI Das Feuilleton und seine Nachbarn, Beobachter und Konkurrenten

Das deutsche Feuilleton ist kosmisch kompetent. Warum sieht es aus der Perspektive des Internet trotzdem so klein aus?

von Thierry Chervel

Nehmen wir das Feuilleton der »Frankfurter Allgemeinen Zeitung« an einem beliebigen Tag im September des Jahres 2003. Dieses Feuilleton hatte einmal zehn Seiten täglich, jetzt sind es nur noch fünf, eine fatale Folge der Zeitungskrise. Die Spannweite der Themen ist dennoch erstaunlich: Man befasst sich mit dem Euro in Schweden, mit Solarenergie für Afrika, mit der Popularisierung der theoretischen Physik, mit der Stasi in Polen, mit der Inflation katholischer Moraltheologen, die alle einen eigenen Standpunkt vertreten, mit dem dritten Saal der Carnegie Hall, mit neuesten Tendenzen der Bioethik, mit der Geschichte der Übertragungen des persischen Dichters Dschalaladdin Rumi ins Deutsche und mit Beihilfe zum Selbstmord und ihrer Verfolgung in der Schweiz. Eine vereinsamte Kritik widmet sich dem neuen »Faust« in Basel.

Das deutsche Feuilleton ist kosmisch kompetent. Warum erscheint es aus der Sicht des Internets dennoch so klein?

Nun, es hat hier ein Problem, das es mit den deutschen Zeitungen insgesamt teilt, und nicht nur mit den deutschen. Bei aller Weltzuständigkeit haben sich die deutschen Zeitungen vom Internet übertölpeln lassen. In den drei Phasen, in die sich die Geschichte des World Wide Web seit 1994 einteilen lässt, haben die deutschen Zeitungen drei Fehler gemacht. Am Anfang blieb man skeptisch, hatte Angst um seine Inhalte und handelte lieber gar nicht – das Internet war noch sehr fremd. In der Phase des Booms ließen sich dann auch die deutschen Zeitungen anstecken. Sie machten jetzt ganz schnell, ließen sich von dubiosen Agenturen beraten und Internetadressen bauen und fühlten sich als Avantgarde der New Economy. In der dritten Phase wurden sie panisch und zogen sich wieder zurück.

Zögern – Hysterie – Panik. Es gab bei den deutschen Zeitungen noch nie einen souveränen Umgang mit der neuen Technologie, während sich die genuinen Angebote des Internets ganz organisch immer weiter entwickeln und eine Macht entfalten, die von den Zeitungen bis heute nicht begriffen wurde. Dass in Thomas Steinfelds Reflexionen zum Strukturwandel der Öffentlichkeit das Wort »Internet« noch nicht einmal auftaucht, ist ein weiteres Indiz für eine bedenkliche Arglosigkeit in diesen Dingen.

Ein Beispiel: Das Feuilleton der »Süddeutschen Zeitung« begreift sich selbstverständlich als Konkurrenz des Feuilletons der »Frankfurter Allgemeinen Zeitung«, und umgekehrt. Aber beide haben offensichtlich noch gar nicht bemerkt, dass sie von ganz anderer Seite in Frage gestellt werden. In ihrer kosmischen Kompetenz haben sie übersehen, dass ihnen das Terrain unter den eigenen Füßen schwindet.

Die andere Seite, das sind »Google« oder »Amazon«. Unsere Feuilletons haben in ihrem unermüdlichen Einsatz für die Neuerscheinungen aus der akademischen Welt in der letzten Woche eine kulturanthropologische Studie über die Autobiografien von Carl Gustav Carus, Wilhelm von Kügelgen und Ludwig Richter und eine andere Studie über »Das romantische Paradigma der Chemie« besprochen – wie viele Leser werden sie damit gefunden haben? Wer sich für Spezielles interessiert – und wer tut das nicht? – wartet immer weniger darauf, dass es ihm von der Zeitung geliefert wird. Er wird gleich bei »Google« und »Amazon« nachschlagen und kann sich sogar per Mail benachrichtigen lassen, wenn es irgendwo im Netz verhandelt wird. Die Hälfte der deutschen Bevölkerung – die qualifiziertere Hälfte – hat heute Zugang zum Netz. So wird ein Leser bei einer Netzrecherche zu Wilhelm von Kügelgen nicht auf den Artikel aus der »Süddeutschen Zeitung« stoßen, sondern allenfalls auf die Notiz zum Artikel beim »Perlentaucher«, oder er wird gleich bei »Amazon« oder »Google« suchen und sich dort informieren, wo er die Information findet. Das ist der Strukturwandel der Öffentlichkeit: Zwar sind auch die Zeitungen im Netz, aber wie unpraktisch präsentieren sie sich! Ihre Inhalte verstecken sie aus Angst vor Diebstahl in unzugänglichen Archiven. »Google« findet sie nicht.

Durch die überlegenen Such-, Illustrations- und Benachrichtigungsmöglichkeiten des Internet entgleiten den Zeitungen die Rubrikenanzeigenmärkte, aber auch und sogar im Kulturbereich stehen sie längst Konkurrenten gegenüber, mit denen sie im Traum nicht gerechnet hätten: Internetbuchhändlern, die auch wie Medien funktionieren, Nachrichten- und Suchdiensten, die Informationen bündeln und zielgenau zusenden.

Ein zweites Beispiel: Jüngst versuchte Jürgen Habermas, eine europäische Öffentlichkeit herzustellen, um seine »Kerneuropa«-Initiative zu lancieren. Sie ist längst in der Vergessenheit versunken, vielleicht auch weil die Klaviatur der Medien, die Habermas da spielte, im Internet-Zeitalter so überaus behäbig wirkte. Habermas schrieb seinen eigenen Text in der »Frankfurter Allgemeinen Zeitung«. Andere Texte erschienen in der »Süddeutschen Zeitung«, der »Neuen Zürcher Zeitung«, aber auch in »La Repubblica«, »La Stampa«, »El Pais« und »Le Monde«. Im Internet war die Debatte nur zum Teil nachzuvollziehen, denn die »Frankfurter Allgemeine Zeitung«, aber auch die italienischen und spanischen Zeitungen betreiben eine äußerst defensive Politik im Netz und verlangen vom Nutzer schon am Erscheinungstag der Artikel, dass er sich als zahlender Abonnent ausweist.

Diese Politik mag ihre Berechtigung haben oder nicht: Aber wie wahrscheinlich ist es, dass sich das interessierte Publikum zum nächstgelegenen Bahnhofskiosk begibt? Eine europäische Öffentlichkeit lässt sich so nicht mehr herstellen. Habermas hätte anders agieren können: Er hätte sich vom »Perlentaucher« zum Gegenwert seines Zeitungshonorars eine kleine Internetadresse bauen lassen können, die es ihm erlaubt hätte, beliebig viele Unterseiten für die Artikel seiner Gesinnungsgenossen zu erstellen. Einen Tutor hätte er schon gefunden, der die Website hätte bedienen können. Diese Öffentlichkeit hätte funktioniert, die Zeitungen hätten neidvoll berichten müssen. Die Medien haben heute keine Monopole der Informations- und Meinungsverbreitung mehr. Im Internet kann jeder ein Medium sein.

Das dritte Beispiel: Nach dem 11. September war das Informationsbedürfnis groß. Am 12. September zeigte eine Netzrecherche, dass das deutsche Internet und die deutschen Medien zu den Themen Afghanistan, Islamismus, Osama bin Laden so gut wie nichts zu bieten hatten. In den USA dagegen schalteten der »New Yorker« und »Atlantic Monthly«, die »Policy Review« und die politischen Think Tanks die einschlägigen Artikel aus früheren Ausgaben frei – im »Spiegel« der folgenden Woche waren ganze Passagen aus dem »New Yorker« abgeschrieben.

Das Netz hat offensichtlich eine natürliche Tendenz zum Englischen: In den USA, aber auch in Großbritannien oder Indien scheint die Affinität zum neuen Medium größer. Man geht selbstverständlicher damit um, man hat früher angefangen, man hat sinnvollere Adressen gebaut, und es zeigte sich nebenbei am 11. September und danach eine überlegene Qualität des angelsächsischen Journalismus sowohl in der Information als auch – in Medien wie der »New York Review of Books« – in der Reflexion.

Hier ist der Strukturwandel der Öffentlichkeit am radikalsten: Nicht nur die deutschsprachigen, sondern alle nicht englischsprachigen Medien sehen sich durch das Internet provinzialisiert. Schlimm ist, dass sie auf diese Situation auch noch ignorant oder defensiv reagieren, etwa indem sie ihre Inhalte allzu ängstlich wegsperren. Das französische und das italienische Internet sind Katastrophen: Dass eine Zeitschrift wie »Micromega« das Internet nicht als internationales Forum nutzt, führt die Intellektuellen der italienischen Opposition geradezu in die Isolation. Inhaltlich können französische Kulturzeitschriften wie »Le debat«, »Commentaire« oder »Esprit« der »New York Review of Books« zwar durchaus standhalten, aber sie scheinen noch nicht einmal begriffen zu haben, dass es darauf ankommt. So kommt es, dass qualifizierte Texte im Netz fast nur auf Englisch zu haben sind.

Früher oder später werden sich die nicht englischsprachigen Öffentlichkeiten dieser Entwicklung ohnehin anbequemen müssen, wie es die Öffentlichkeiten der Entwicklungsländer ja längst getan haben. Auch Jürgen Habermas hätte auf seiner Kerneuropa.org-Seite die Texte seiner Debatte zeitgleich auf Englisch, also in einer für sein Kerneuropa exterritorialen Sprache, veröffentlichen müssen: Denn auch Franzosen und Deutsche verständigen sich heute in der Regel auf Englisch. Längst sind die nationalen Öffentlichkeiten Europas so stark von einander abgewandt und so parallel auf Amerika fixiert, dass sie sich nur noch in der Sprache des in den nationalsprachlichen Medien panisch angebellten Hegemons aus ihrer Erstarrung lösen könnten. Diese nationalsprachlichen Medien werden zusehends als Regionalmedien fungieren und die Ergebnisse der Fußballligen, Dosenpfand-Debatten und Superstar-Suchen kommunizieren. Der intellektuellen Öffentlichkeit tut sich – neben dem Buch – zusehends das Netz auf. Weltzuständigkeit allein reicht nicht mehr aus. Englischkenntnisse sind erwünscht.

Und um noch mal auf die deutschen Zeitungen und den Strukturwandel der Öffentlichkeit zurückzukommen: Trotz aller Fixierung auf Amerika wurde hier noch nie kommentiert, dass es nur eine einzige Zeitung gibt, die eine europäische Öffentlichkeit herstellen könnte, und das ist die »New York Times«, die Alleinbesitzerin der »International Herald Tribune«. Sie müsste nur wollen.

Literarisches Feuilleton
und Literaturwissenschaft

von Heinrich Detering

I.

Von den Universitäten, hat Martin Mosebach hier bemerkt, brauche man gar nicht erst zu reden. – »Die Universitäten«, so heißt es in Thomas Steinfelds Einführung zu dieser Tagung, »sind nicht einmal mehr ein Ansprechpartner.« Als er mir diesen Text vor einiger Zeit schickte, habe ich ihn darauf hingewiesen, dass schon dieser Umstand – dass er diesen Text eben *mir* schickte – den Tatbestand eines performativen Widerspruchs erfüllte. Mein Einwand verhallte; mit dem Eingang dieses Satzes in die Tagungsunterlagen ist der performative Widerspruch nochmals potenziert. Eine geradezu CSU-würdige Mehrheit der hier Vortragenden hat nicht nur ein Hochschulstudium absolviert, sondern auch einen akademischen Grad erworben; und nicht wenige von ihnen waren oder sind als Dozenten an diversen Universitäten tätig – nicht zuletzt der vormalige Montrealer Komparatistikdozent Thomas Steinfeld. Nähme er seinen Satz beim Wort, er könnte nicht einmal mehr Selbstgespräche führen.

In einem umfangreichen, vollmundigen und daher leider auffallenden Artikel in der »Literarischen Welt« schließlich bin ich vor einigen Monaten – und durchaus gegen meinen Willen – von Tilman Krause zu einer Art Kronzeugen für die populäre Ansicht gemacht worden, dass beide – Germanistik und literarisches Feuilleton – normalerweise in zwei getrennten Welten lebten und dass die Universitäts-Germanisten mehr oder weniger eine Versammlung borniertrer, schreibunfähiger, leserfeindlicher und letztlich literaturfremder Akademiker darstellten. Ich selbst, horribile dictu, sei eine seltene und darum lobenswerte Ausnahme von dieser Regel – die zu bestätigen mir damit also zugemutet wurde.

Die Ansicht, die nicht nur Mosebach, Steinfeld und Krause damit vertreten, scheint mir ebenso beliebt wie grundverkehrt. Das Vorurteil, das sie perpetuieren, bleibt hinter der längst etablierten Praxis zurück, auch hinter ihrer eigenen; und es ist für das Verhältnis von Literaturwissenschaft und literarischem Feuilleton ebenso schädlich wie der gleichermaßen hartnäckige akademische Sprachgebrauch, der die Worte ›Feuilleton‹ und ›Feuilletonist‹ noch immer nicht anders als in herabsetzender Absicht kennt. Denn – das sind meine Thesen – Literaturwissenschaft und literarisches Feuilleton haben gemeinsame Ursprünge; beide richten sich an mindestens zwei gemeinsame Lesergruppen; und beide sind wenn nicht aufeinander angewiesen, so doch seit langem einander und den Lesern nützlich. So war es jedenfalls bis vor kurzem.

2.

Zu den gemeinsamen Ursprüngen der Germanistik wie des literarischen Feuilletons gehören die romantische Literaturkritik wie die romantischen Bemühungen um eine Nationalphilologie. Von beiden Anfängen an sind genuin akademisches Interesse und die Suche nach Öffentlichkeitswirkung programmatisch verbunden gewesen – zu welchen jeweiligen Zwecken, steht auf einem anderen Blatt; hier genügt die Feststellung des Sachverhalts. Und so gewiss in der Literaturwissenschaft nicht anders als in anderen Disziplinen eine Unterscheidung zwischen Fachöffentlichkeit und Öffentlichkeit, zwischen Fachkundigen und Laien sinnvoll ist, so gewiss hat doch diese besondere Disziplin ihre Legitimation von Beginn an daraus bezogen, dass sie für Leser arbeitet, dass sie literarische Kunstwerke in Erinnerung bringt, zugänglich macht, lebendig erhält, zu denen es keinen prinzipiell limitierten Zugang geben muss – dass sie beiträgt zum literarischen Leben.

Bei allen Wandlungen, die das Fach wie die literarische Öffentlichkeit seither durchlaufen haben und die ich hier übergehe, hat diese Doppelheit von esoterischer und exoterischer Perspektive die Germanistik über lange Zeiten hin geprägt. In den letzten zwei, drei Jahrzehnten ist sie weithin (wieder) bestimmend geworden für ihr Selbstverständnis. Auch im Feuilleton zu schreiben, galt spätestens seit den achtziger Jahren unter jüngeren und nicht nur unter jüngeren Germanisten eher als Auszeichnung denn als Makel und konnte Berufungschancen eher steigern als mindern. Wie groß seither die Zahl der Germanisten geworden ist, die sowohl zu akademischen Fachpublikationen als eben auch zum literarischen Feuilleton beitragen, wissen alle hier Anwesenden so gut, dass Namensnennungen überflüssig sind. Dasselbe gilt für den umgekehrten Hinweis darauf, wie viele professionelle Feuilletonisten ihrerseits auch literaturwissenschaftliche Arbeiten veröffentlicht haben und wie oft überhaupt die Grenzen zwischen Fachwissenschaft und Feuilleton mitten durch die einzelnen Beteiligten hindurch verlaufen.

Mit der immensen Steigerung der germanistisch-sekundärliterarischen Textproduktion seit den siebziger Jahren, in immer neuen Fachzeitschriften und Buchreihen, Festschriften und Tagungsbänden, kurz mit dem, was Albrecht Schöne 1993 aus gegebenem Anlass »die lähmende Unmasse des Gedruckten« genannt hat, mit dieser Entwicklung wurde das Bedürfnis nach Orientierung, überhaupt nach Übersicht immer dringlicher. Zu stillen war es nach Lage der Dinge nicht durch eine neue Fachzeitschrift – auch so nützliche Referatorgane wie die »Germanistik« oder das »Arbitrium« vermochten das nicht allein –, sondern durch ein Medium, das sich außerhalb des unmittelbaren Fachdiskurses bewegte, ohne jedoch die Fühlung mit ihm zu verlieren.

Seit den achtziger Jahren, seit seiner qualitativen Aufwertung und quantitativen Ausweitung, hat das Feuilleton in Deutschland diese Aufgabe weithin übernommen, zum beiderseitigen Vorteil – und zwar sowohl die Funktion des zentralen Mediums der fachlichen *Selbstverständigung* als auch diejenige des zentralen Mediums zur Außendarstellung, zur *Vermittlung* des Faches, seiner Arbeitsweisen und Erträge. Das Feuilleton wurde Spiegel, Filter und Debattierclub in einem. Es lieferte Berichte über die Symposien, die man nicht besuchen konnte oder deren Ausschreibung man überhaupt übersehen hatte – und stellte den nicht Eingeladenen vor, was und wie dort debattiert wurde; es rezensierte nicht mehr nur neue Biographien deutscher Dichter, sondern auch Dissertationen und Habilitationsschriften; es förderte alte Rubriken wie die Zeitschriftenschau, zunehmend unter Einschluss auch literaturwissenschaftlicher Fachorgane, und entwickelte neue wie die Seiten »Geisteswissenschaften« und »Bilder und Themen« in der »Frankfurter Allgemeinen Zeitung«; und wie es Dichter und Schriftsteller zu lyrischen oder erzählerischen Arbeiten einlud, so öffnete es sich auch literaturwissenschaftlich fundierten Essays zur Hölderlin-Forschung, zur Goethe- oder Thomas-Mann-Philologie; ja es lieferte schließlich sogar in jedem Herbst über die Verzeichnisse der literarischen Neuerscheinungen hinaus ganze literaturwissenschaftliche Fachbibliographien. Es erbrachte damit nicht nur eine Dienstleistung in beiden Richtungen, sondern trug in einem geradezu staunenerregenden Ausmaß dazu bei, eine neue, weitläufige, die Grenzen zwischen akademischer Welt und literarischem Leben souverän kreuzende literarische Öffentlichkeit zu schaffen. Die Literaturwissenschaft stellte der kritischen Lektüre ein reiches, subtil differenziertes Instrumentarium zur Verfügung. Als Literatur*geschichte* entlastete sie das tägliche Rezensionswesen ein bisschen von der Hektik des Aktualitätsdrucks (»was tot ist, fällt früher oder später ans Feuilleton«, hat Lothar Müller hier gesagt; man könnte hinzufügen: und das ist auch gut so), schafft sie einen historischen Resonanzraum und hält das literarische Gedächtnis wach.

Natürlich gab es weiterhin Themen und Gegenstände, bei deren Erörterung die akademische Wissenschaft bei sich und unter sich bleiben wollte, sollte und musste – Theoriedebatten, Methodenstreit, Spezialistendiskurse. Aber man erinnere sich nur daran, mit wie viel Kenntnis und Gewinn die Diskussionen etwa um unterschiedliche Prinzipien der konkurrierenden Kafka- oder Kleist-Ausgaben auch im Feuilleton geführt worden sind, und man wird bemerken, wie sehr die Grenzen zwischen Philologie und literarischer Öffentlichkeit auch hier verschwammen. Seither sind die germanistischen Abgrenzungsbemühungen gegenüber dem Feuilleton als einer Institution der literarischen Öffentlichkeit so weitgehend verstummt, dass sie heute schon so altfränkisch erscheinen wie Max Goldts schönes Bild vom zerstreuten Professor mit Eidotter im Vollbart. (Ob das auch umgekehrt der Fall ist, weiß ich nicht so sicher.) So wurde es denn beispielsweise auch zur selbstverständlichen Gepflogenheit, dass – komplementär zu dieser Entwicklung – ein viel gelesenes Referatblatt wie der »Fachdienst Germanistik« jede neue Ausgabe eröffnet mit einem ausführlichen Überblick über jüngste Feuilletondebatten, vergleichende Zusammenstellungen von Gedenkblättern zu literarischen Jahrestagen und Veranstaltungen.

3.

Ich spreche von diesem erfreulichen Zustand im Präteritum, obwohl er noch nicht ganz vergangen ist. Denn was die verschmockten gegenseitigen Stereotypen nicht mehr vermochten, das scheint dem ökonomischen Schrumpfungsprozess jetzt mit beträchtlichem Tempo zu gelingen. Tagungsberichte folgen nicht mehr dem potenziellen Öffentlichkeitsinteresse des Gegenstands, sondern dem Terminplan der wenigen verfügbaren Redakteure; und wo der Platz wieder zur knappen Ressource wird, stehen *memoria* und Aktualität, stehen auch Rezensionen literarischer Texte und solche literaturwissenschaftlicher Arbeiten wieder in einem Konkurrenzverhältnis, das nicht ohne Rückwirkungen auf die Beziehungen der beiden Gegenstandsbereiche selbst bleiben wird – vom gegenläufigen Triumphzug der »Medien«-Seiten zu schweigen. Man muss darüber nicht jammern. Aber jammerschade ist es schon. Ernst Osterkamp hat neulich angeregt, das Marbacher »Jahrbuch der Schiller-Gesellschaft« künftig wieder zum Zentralorgan zumindest der germanistischen Selbstverständigung zu machen. Vielleicht wäre das ja eine Lösung.

Literat und Feuilletonist
Drei Zitate – drei Thesen

von Georg Klein

Erstes Zitat: »Aber lieber Herr Klein! Genau Sie sind doch das Beispiel für einen Schriftsteller, den das Feuilleton gemacht hat!«

Dies hielt mir der freie Mitarbeiter einer Tageszeitung entgegen, als ich mich skeptisch zum Einfluss des Feuilletons auf den Buchverkauf geäußert hatte. Das Feuilleton hätte mich also gemacht? Das ist nicht so einfach von der Hand zu weisen. Denn eine kleine Serie guter Kritiken zu meinem ersten Buch war ohne Zweifel meine Eintrittskarte in den Literaturbetrieb. Verdankt der Literat, verdanke ich also dem Feuilleton viel, unter Umständen sogar alles?

Ohne Zweifel schulde ich ihm jenen Teil des Erfolgs, den man den Geltungserfolg nennen könnte. Das Feuilleton weniger großer Tages- und Wochenblätter ist immer noch der Altar, auf dem Bücher zu Werken geweiht werden. Hier werden Attribute wie »bedeutend«, »gültig« und »groß«, verliehen, hier wird im Idealfall das, was dem Verfasser im Schein seines PC-Monitors als eine wahnwitzige Bastelei erschien, im öffentlichen Licht zum homogenen Meisterwerk geheiligt. Und da dies mit etwas Glück in einer Diktion geschieht, die der Literatur verwandt ist wie eine schöne Stiefschwester, könnte es sich um einen gelungenen Akt handeln, um eine Zeremonie, gültig wie eine Taufe und stärkend wie eine Firmung – wenn da nicht gewisse Probleme mit der Glaubensstärke der Gemeinde wären.

Man kann es einer Rezension buchstäblich abhorchen, ob der Feuilletonist glaubt, wie in der alten katholischen Messe mit starkem Rücken vor einem gut gefüllten Gotteshaus zu stehen oder ob er, zagend seit langem, auf halb leere Reihen blickt. Ja, zunehmend gibt es Feuilletonisten, die argumentativ und stilistisch nicht mehr verhehlen können, wie sehr sie mit der eigenen Resonanz- und Wirkungslosigkeit hadern.

Auffallend zum Beispiel, wie oft in Besprechungen von literarischen Texten bereits im ersten Absatz von »Erfolg« geredet wird. Ein überraschender, ein anhaltender, ein längst verdienter oder ein zweifelhafter Erfolg wird zum Einstiegsgedanken, zum Köder, den man den Lesenden hinwirft, und nicht selten scheint dieser herbeizitierte, ja beschworene Erfolg dem folgenden Raisonnement als Rechtfertigung vorauszugehen.

Ein bemerkenswertes Phänomen. Die Instanz, die immer noch antritt, Geltungserfolg zu verleihen oder zu verweigern, deren Selbstbewusstsein aus der Aktualität, ja Akutheit von Wertschätzung, ja Wertsetzung leben müsste, braucht wie ein Amphetamin einen schon vorhandenen, bereits etablierten Erfolg. Und dieser vorgängige Erfolg ist immer seltener der alte Geltungserfolg, den der Autor mit seinen bisherigen Büchern bei der Kritik erworben hat, sondern es handelt sich um den Verkaufserfolg, wie er in Bestsellerlisten und Auflagenhöhen zwar nicht sofort sicher greifbar, aber doch schnell ruchbar wird.

Als Beleg für diese Entwicklung kann man verschiedene Phänomene beobachten: Literarische Kritiken, die damit anheben, dass sie den kommenden Verkaufserfolg als unausweichlich beschwören und prophetisch ausmalen. Feuilletonbeiträge, die kaum mehr vom Text sprechen, sondern, manchmal sogar in mehreren Etappen, eine Art Erfolgsfrontberichterstattung betreiben. Exklusiv-Interviews, die einen Tag vor dem Erscheinen des bombensicher erfolgreichen Buches an dessen Erfolg partizipieren wollen, indem man just diesen prognostizierten Erfolg mit den bescheidenen Mitteln des Feuilletons mitzuproduzieren versucht.

Zur These verkürzt:

Der literaturraisonnierende Feuilletonist hadert mit der begrenzten Bedeutung des Geltungserfolgs, mit dessen Zuweisung oder Verweigerung er traditionell beschäftigt ist. Er sucht die Symbiose mit dem großen Verkaufs- und Medienerfolg, kommt aber, da dieser offensichtlich außerhalb der Feuilletons produziert wird, nicht über eine unbefriedigend parasitäre Beziehung hinaus. Das Feuilleton fühlt sich von der charismatischen Ökonomie des wahren Erfolgs ausgeschlossen.

**Zitat Nummer zwei: »Georg, ich verstehe gar nicht,
dass du dich bei den Feuilletons so penetrant andienst.
Hast du das als Autor wirklich nötig?«**

Dies hielt mir ein Schriftsteller auf einem so genannten Poetentreffen entgegen. Er schien um meine Würde als Literat besorgt und hatte sympathischerweise die Hoffnung nicht aufgegeben, dass ich kollegialem Ratschlag zugänglich sei. Anlass war, dass in relativ kurzer Zeit verschiedene Zeitungen feuilletonistische Beiträge von mir gebracht hatten. Allein schon, dass er diesen Umstand wahrgenommen hatte, muss man ein halbes Wunder nennen, denn nach eigenem Bekunden las er so gut wie nie Feuilletons, mied, um seelisch gesund und ungebrochen kreativ zu bleiben, vor allem jene Beiträge, die sich mit der gegenwärtigen deutschsprachigen Literatur beschäftigten.

Die hier aufscheinende und wohl tatsächlich weit verbreitete Feuilleton-Abstinenz, ja der Feuilleton-Abscheu vieler Literaten wurzelt in einem tiefen Misstrauen gegenüber dem Feuilletonisten. Der etablierte Rezensent, insbesondere der Literaturredakteur ist in den Augen des argwöhnischen Autors nicht der literaturliebende Mittler zum Leser, sondern ein Betriebsagent, der mit obskuren Betriebsgeschäften zugange ist. So gesehen ist das Feuilleton keine allgemein zugängliche öffentliche Sphäre offener Diskurse. Der abseits bleibende Literat glaubt einen verschlüsselten Buschfunk zu hören, der nicht in erster Linie zu den Lesern, sondern vor allem für andere Instanzen des Kulturbetriebs sendet. Der literarische Feuilletonist spricht zu anderen Feuilletonisten, zu den Werbeabteilungen der Verlage, zu Organisationen und kulturellen Institutionen, die, im Zusammenhang mit Literatur, Geld und andere Ressourcen verwalten. Dieses Feuilleton scheint vor allem mit Betriebspolitik beschäftigt, also mit Macht, mag sie, verglichen mit anderen Gesellschaftsbereichen, auch noch so gering sein.

Zur These verkürzt:
  Dem durch seine Produktionsweise isolierten Literaten droht die Paranoia einer Betriebsverschwörungstheorie. Der Feuilletonist, selbst Opfer der Zwänge seines inzestuösen Geschäfts und der schwer vorhersehbaren Entwicklungen des kulturellen Feldes, wird dem Literaten als Projektion der eigenen Ängste zur tückischen Spinne im Netz. Diese

Paranoia zehrt allerdings nicht selten von einem kleinen Kern schmerzhaft wahrer Erfahrung.

Zitat Nummer drei: »In Wirklichkeit streben diese Erzählungen zum Feuilleton ... «

Dies stand im vorletzten Satz der Besprechung meines letzten Erzählbandes in einer großen deutschen Wochenzeitung. Was will der Feuilletonist uns damit sagen? Der Zusammenhang verrät zumindest, dass dieser Drang ins Feuilleton, der meinen Erzählungen hier abgelesen wurde, eindeutig nicht zu ihren Gunsten spricht. Ja, dieses Streben scheint in den Augen des Rezensenten sogar der entscheidende Mangel der besprochenen Texte und führt nach manchem klug abwägenden Wort dazu, von der Lektüre solcher Literatur, die ja nur auf die flüchtigen Blätter der Gazetten will, abzuraten.

Nun ist der Ort, nach dem die Literatur also auf keinen Fall gieren darf, just die Stelle, von der der Feuilletonist spricht. Will er mir also sagen: Betreibe nicht mein Geschäft, es ist ein minderwertiges, der Literatur nicht ebenbürtiges. Oder meint er vielleicht: Mach mir bloß meinen Platz nicht streitig, bei uns im Feuilleton geht es zurzeit schon eng genug zu!

Dazu als dritte und letzte These:

Das deutsche Feuilleton und die deutsche Literatur expandieren nicht mehr, sie sind nicht aggressiv ausgreifende, sondern in ähnlicher Weise regressive, um Raum ringende Sphären. Ihre symbolische Geltung und ihr Zugriff auf gesellschaftliche Ressourcen, vor allem auf die Ressource Aufmerksamkeit, sind in einem mehr oder minder sanften Rückgang begriffen. Den Literaten wie den Feuilletonisten quälen – und dies ist beiden Seiten peinlich – die gleichen Schrumpfschmerzen. Und die große Ähnlichkeit dieses Schrumpfens, die Gestaltverwandtschaft der Schwindsucht, macht das Verhältnis zwischen Feuilletonist und Literat heute so heikel.

Anders, metaphorisch gesprochen: Die Flamme der Fackel, die uns, die Schreibenden, nährt und wärmt und verzehrt, ist kleiner geworden. Darunter jedoch muss die Qualität des Lichtes nicht zwangsläufig leiden.

Diskussion

Heinrich Detering: Mit dem »Perlentaucher« scheint es mir so ähnlich zu sein wie mit dem Automobil: Es ist, bei allem Nutzen hochproblematisch, aber wir alle benutzen es gern. Das Problem besteht darin, dass der »Perlentaucher« uns jeden Tag einen zuverlässigen Überblick über das Geschriebene bietet, der gerade ausführlich genug ist, damit man selber mitreden kann. Man spricht über Rezensionen, über die man gut reden kann, ohne sie gelesen haben zu müssen, weil man aus dem »Perlentaucher« weiß, in welche Richtung es geht. Wer will kann diesen Bluff betreiben, ohne die Zeitungen abonnieren zu müssen.

Thierry Chervel: Wer so argumentiert, redet gegen den Journalismus. Der Vorwurf lautet: Die Lektüre der Kritik ersetzt die Lektüre des Buches. Aber so kann man die Sache nicht aufziehen: Man kann nicht sagen, viele Artikel würden nicht gelesen, weil man den »Perlentaucher« gelesen habe, ohne auch das Umgekehrte zu sagen: Viele Artikel werden gelesen, weil man den »Perlentaucher« gelesen hat.

Stephan Schlak: Vielleicht – so meinte Thierry Chervel – wäre Jürgen Habermas mit seinem Kerneuropa-Vorschlag vom Frühjahr 2003 nicht gescheitert, hätte er über einen angemessenen Internet-Auftritt verfügt. Das kommt mir verfehlt vor. Dieser Aufruf konnte nur in einer Zeitung erscheinen, weil er sein Pathos, das Pathos engagierter Intellektualität, nicht zuletzt aus seiner gleichsam alteuropäischen Form zog. Gerade Intellektuelle von dieser Art brauchen das Feuilleton. Die Frage ist allerdings, ob in zukünftigen Generationen – Generationen, unter denen es diesen Typus engagierter Intellektualität nicht mehr gibt – noch Bedarf an dieser linken Leitartikel-Mentalität herrscht.

Detlev Schöttker: Mir scheint doch, dass Feuilleton und Universität sehr viel miteinander zu tun haben, mehr noch, als dies bei Heinrich Detering zum Ausdruck kam. So zum Beispiel im Hinblick auf die Fachgeschichte der Germanistik, vor allem ihre historische Selbstreflexion. Sie war seit den späten siebziger Jahren weitgehend vergessen worden und kam aber über die Feuilletons seit Ende der achtziger Jahre ins Fach zurück. Ich erinnere nur an die Debatte über Paul de Man oder an die Diskussion über den Fall Schneider/Schwerte. Eine noch wichtigere Rolle aber spielt in dieser Beziehung die kulturwissenschaftliche Wende der Germanistik, die auch vom Feuilleton der »Frankfurter Allgemeinen Zeitung« durch neue Themensetzungen mit eingeleitet wurde, und zwar seit den späten siebziger Jahren. Die Akademisierung des Feuilletons hat wesentlich zu einer kulturalistischen Öffnung der entsprechenden Fächer an der Universität beigetragen. Und ich kann mir nicht vorstellen, auch bei geringeren Seitenzahlen, dass diese enge Verbindung zwischen den Feuilletons und der Universität in den nächsten zehn, fünfzehn Jahren nachlässt.

Heinrich Detering: Jenseits der heroischen Ereignisse, von denen Detlev Schöttker sprach, ist auch die alltägliche Kontrolle der Universität durch die Feuilletons nicht gering zu schätzen, wie sie vor allem durch die Berichterstattungen zu Tagungen ausgeübt wird. Diese Berichte mögen zu den am wenigsten gelesenen Teilen des Feuilletons gehören, aus naheliegenden Gründen, aber sie hatten und haben eine enorme Bedeutung für das Tagungswesen – oder Tagungsunwesen, wenn Sie so wollen. Man kann sich noch immer darauf verlassen, dass die wichtigeren Tagungen flächendeckend durch die Feuilletons begleitet werden, auch wenn man bemerkt, dass die finanziellen und personellen Ressourcen für diese Berichterstattung in den vergangenen Monaten und Jahren geschrumpft sind.

Patrick Bahners: Wenn hier hin und wieder gesagt worden ist, die Universität sei kein Gesprächspartner einer irgend gearteten intellektuellen Öffentlichkeit mehr, dann mag das eine Übertreibung sein, aber der Satz hat einen handfesten Grund – und zwar bezogen auf institutionelle Kontinuitäten und Traditionen, auf Lehrergestalten, Schulen und ähnliche Filiationen. Es ist kein Zufall, wenn bislang überhaupt noch nicht davon die Rede war, mit welcher Distanz, mit welchem Misstrauen Teile der Universität die literarisch-feuilletonistische Welt begleitete, wie sie sich in den Zeitungen entfaltete. Falls man als Feuilletonist in diesen Kreisen überhaupt ernst genommen wurde, bekam man doch immer wieder die Frage zu hören, warum man dieses akademische Treiben überhaupt so ernsthaft verfolgte, warum man ihm mit vergleichenden philologischen Studien folgte. Und auf der anderen Seite scheint es unter unseren Mitarbeitern kaum einen Professor zu geben, der nicht die Medienseite eines Feuilletons für eine furchtbare Erscheinung hielte – ganz so, als gäbe es an der Universität keine Medienwissenschaften, und dafür waren ja nun wirklich nicht die Feuilletonisten verantwortlich.

Heinrich Detering: Die letzte Schule im engeren Sinne, die es in unseren geisteswissenschaftlichen Fächern gegeben hat, wird (trotz der Dekonstruktion) wohl die Konstanzer gewesen sein. Seitdem, also etwa seit den siebziger Jahren, gehören die Schulen eher zu den Legenden, zu den interessierten Missverständnissen ihrer selbst. Tatsächlich ist doch wohl auch das, was hier mit einem Kollektivsingular als »die Universität« benannt worden ist, ein Konglomerat höchst individueller Bestrebungen. Und man darf nicht übersehen, dass diese individuellen Bestrebungen in erstaunlich großer Zahl zum Feuilleton beigetragen haben und vice versa.

Ursula März: Die meisten in dieser Runde scheinen sich in der Melancholie des Verschwindens einig zu sein. Ich kann diese Haltung für mich nicht annehmen: Die Feuilletons, von der »Frankfurter Allgemeinen Zeitung« über die »tageszeitung« bis zur »Süddeutschen Zeitung«, sind immer noch groß, und auch die »Zeit« ist noch da. Die Dinge mögen ins Rutschen kommen, es mögen Beilagen und Sonderseiten verschwinden – aber dieselben Dinge tauchen dann woanders wieder auf, auch der literarische Essay, auch das große Porträt. Seien wir ehrlich: Keiner von uns ist überhaupt in der Lage, alle Literaturbeilagen zur Buchmesse zu lesen, und so wandern sie spätestens zu Ostern ungelesen zum Altpapier. Doch muss ich zugeben, dass auch ich in den vergangenen Monaten so etwas wie Enge empfunden habe – ein Gefühl der Enge, das mir darauf zurückzugehen scheint, dass der Vorrat an Vorläufigkeit zu schwinden scheint. Damit meine ich nicht schlampigen, schlecht recherchierten Feuilleton-Journalismus, sondern eine Art überscharfer Zeitgenossenschaft, ein Dasein im Schreiben, das auch der

Zeitgenossenschaft ein klein wenig voraus ist. Also nicht: Lance Armstrong ist vom Fahrrad gefallen, jetzt müssen wir darüber schreiben. Sondern: So wie das Fahrrrad aussieht und so, wie Lance Armstrong fährt, wird er morgen vom Fahrrad fallen. Es hat sich in den Feuilletons in den vergangenen Jahren eine fast obsessive Nachträglichkeit breit gemacht: Wir bewegen uns nicht mehr auf etwas zu – und zwar mit einiger Dynamik –, sondern wir bewegen uns von etwas weg.

Lothar Müller: Ich möchte zurückkehren zum Thema der angeblichen Konkurrenz von Tageszeitungen und Internet. Es scheint mir nun nicht so zu sein, dass sich die von Jürgen Habermas initiierte Debatte um ein neues Kerneuropa durch ein anachronistisches Medienverhalten eine falsche Gestalt gegeben hat. Thierry Chervel hat davon gesprochen, dass etwa die Online-Buchhandlungen nicht nur wie Geschäfte, sondern selbst wie Medien funktionieren. Wenn damit Dinge wie die Kundenrezensionen gemeint sein sollten, müsste ich widersprechen. Generell scheint sich mir das Verhältnis von Tageszeitung und Internet nicht über Konkurrenz zu definieren – sonst gäbe es etwa den »Perlentaucher« nicht –, sondern eher symbiotischer Art zu sein. Die Konkurrenz von älteren und neueren Medien ist eine Legende, die von der Kontaminierung der Medientheorie durch den Fortschrittsglauben herrührt. Und es ist diese Legende, die uns immer wieder neue kulturkritische Klagen und immer wieder neue Modernitätsappelle beschert – von der Seite der klassischen Geisteswissenschaften gibt es solche Untergangsvisionen kaum noch, aber sie kehren gegenwärtig von der neuesten Medienfront zurück. Man wird das Verhältnis von Tageszeitung, Buch und Internet nicht klären können, ohne über eine Theorie des Papiers zu verfügen. Wenn man diese Theorie aber nicht besitzt, dann kommt darüber so etwas heraus wie die Konkurrenz von Zeitung und Internet nach den Maßgaben von Informationsmenge und Informationsgeschwindigkeit – ein Maßstab, der ungefähr so funktioniert, als würde man den Verkehr nur danach betrachten, dass Autos von A nach B fahren. Das tun sie auch, aber sie haben darüber hinaus unendlich viele andere Funktionen. So ähnlich verhält es sich mit dem Papier auch.

Jens Jessen: Wenn ein dicker Mann von 120 kg Gewicht auf 80 kg herunterkommt, dann ist das nicht Schwindsucht. Und wenn ein Feuilleton von zehn Seiten Umfang auf fünf reduziert wird, dann ist das auch nur gesund. Als ich als Hospitant zur »Frankfurter Allgemeinen Zeitung« kam, hatte das Feuilleton einen Umfang von knapp zwei Seiten täglich. Als es berühmt wurde, standen uns vier bis fünf Seiten zur Verfügung. Die Zeiten, als das Feuilleton zehn Seiten besaß, waren kurz und vergänglich, und es waren nicht die besten. Das liegt zum Beispiel daran, dass man die Ausrede des fehlenden Platzes für die Ablehnung gewisser Artikel einfach braucht. Jeder Praktiker weiß zudem, dass ein bestimmtes Maß von Verteilungskämpfen für ein gutes Blatt notwendig ist.

Jürgen Kaube: Zum Thema schrumpfendes Feuilleton und Tagungsberichte. Ich glaube, dass wir in nächster Zukunft erleben werden, wie das Tagungswesen schrumpfen wird – ganz so, wie in den vergangenen beiden Jahren die Feuilletons schrumpften. Wir leben in einem ästhetischen und kulturellen Wohlfahrtsstaat, der auf eine lange Phase heftigen Wachstums zurückblicken kann, und dieser Wohlstand erscheint uns jetzt als selbstverständlich. Wenn nun aber zum Beispiel in Weimar zur gleichen Zeit drei literarische oder literaturwissenschaftliche Tagungen stattfinden und die Zeitungen jetzt nicht mehr über alle drei berichten können – dann stimmt nicht nur etwas mit den Zeitungen nicht, dann stimmt auch etwas mit der Germanistik nicht.

Georg Klein: Seitdem ich ein halbwegs bekannter Schriftsteller bin, also seit etwas fünf Jahren, schreibe ich für das Feuilleton, nicht unbedingt, weil ich eine besonders flotte Feder führe, sondern vor allem, weil ich eine Autorenstimme bin. Ich habe das zuweilen exzessiv betrieben – obwohl ich das Geld nicht unbedingt brauche. Mir scheint diese Voraussetzung sehr wichtig zu sein, denn finanzielle Abhängigkeit hieße auch in diesem Bereich Patronage.

VII Feuilleton und Bildung

Feuilleton und Universität

von Andreas Blödorn und Daniela Langer

»Was vom Tage bleibt«? Denkt man ketzerisch, so muss man wohl schlicht sagen: Nichts. Denn nach der Blüte des Feuilletons kommt der Fall. Die Krise der Zeitungen schneidet das Feuilleton wieder auf ein Mindestmaß zurecht. Und auch wenn es nicht ganz verschwindet, wen interessiert denn schon die Zeitung von gestern? Die Halbwertszeit universitärer Texte scheint da im Vergleich doch – bei zugegeben erheblich kleinerem Leserkreis – beinahe »ewig« zu sein. Zwar ist auch die Institution Universität zurzeit grundlegenden strukturellen Veränderungen unterworfen, muss »innovieren«, sich reformieren, dem Wettbewerb stellen und insbesondere für geisteswissenschaftliche Fächer Gründe ihrer Daseinsberechtigung unterbreiten. Doch immerhin: sie bleibt. Feuilleton und Universität also – was hat denn das miteinander zu tun? Vielleicht doch immerhin dies: Man liest und schreibt auf beiden Seiten. Und so wollen wir das Feuilleton einmal als universitäre Leser betrachten.

Die Geisteswissenschaften, so Thomas Steinfeld in seiner Einführung, verschwinden in der intellektuellen Auseinandersetzung einer kritischen Öffentlichkeit, ja mehr noch: für die Öffentlichkeit sollen sie ihren Status als Vermittler von Orientierungswissen verloren haben, um nur noch unter der Perspektive des Expertentums betrachtet zu werden. Stimmt das tatsächlich? Waren die Universitäten je ein Vermittler solchen öffentlichen Ranges? Und wie, wenn nicht ihrerseits durch Vermittlung über die Medien, sollten sie diese Rolle eingenommen haben? Das Verhältnis von Feuilleton und Universität scheint uns doch ein wechselseitiger Austausch zu sein, und die etwas rigide Aussage, die Universität sei nicht einmal mehr ein Ansprechpartner, viel zu einseitig. Machen wir die Gegenprobe: Wie steht es denn mit der Relevanz des Feuilletons für den kritischen Diskurs in den Geisteswissenschaften an den Universitäten? Und nicht zuletzt: Wird die Universität vom Feuilleton denn überhaupt angesprochen?

Man könnte die These vertreten, dass die Relevanz des Feuilletons für die Universität als Institution heute denkbar gering ist. Doch gilt es hier zu differenzieren: Spielt das Feuilleton innerhalb der Lehre auch kaum eine Rolle, so ist es durchaus Gegenstand einer literatur- wie kulturgeschichtlichen Forschung, die das Verhältnis von kritischem Schreiben und Öffentlichkeit betrachtet. Hauptsächlich wirksam aber wird das Feuilleton mit seinen Rezensionen und Ereignisberichten im Hintergrund, wo es der Anregung dient und die Leser häufig mit bislang nicht wahrgenommenen Themen – auch aus der Wissenschaft – bekannt macht. Soweit so gut. Doch beleuchten wir das Verhältnis von Wissenschaft und Feuilleton einmal genauer.

Feuilleton und Wissenschaft haben, so banal dies auf den ersten Blick erscheinen mag und so bekannt es ist, unterschiedliche und medial bedingte Zielsetzungen und Vorgehensweisen. Zwar sind Universität und Feuilleton miteinander verzahnt und eben dadurch auch weiterhin gegenseitige Ansprechpartner – allerdings mehr in die eine als in die andere Richtung, mehr von der Universität zum Feuilleton als umgekehrt. Selbstbewusst wird in dem Eröffnungstext zur Tagung das Feuilleton der letzten Jahre als »wissenschaftsnahes Genre« gepriesen. Wissenschaftsnähe? Da dies, bei aller an der Universität kritisierten Partikularisierung der Einzeldisziplinen, sicherlich nicht bedeuten kann, das Feuilleton habe eine eigene, universitätsunabhängige Wissenschaft entwickelt, kann es nur heißen, das Feuilleton stehe dem wissenschaftlichen Diskurs nahe. Und das tut es, keine Frage. Die einzelnen Beiträge im Feuilleton verraten eine universitäre Bildung ebenso wie sie die universitäre Forschung diskutieren, sei es in Form von Buchrezensionen oder im Fortschreiben von neuesten wissenschaftlichen Diskursen. Die *Beiträge* sind also durchaus wissenschaftsnah und belegen damit eine Vernetzung von Universität und Feuilleton, die der gleichzeitig behauptete Ausschluss der Universität aus der Reihe möglicher Ansprechpartner doch gerade leugnet. Die *Beiträger* sind ebenfalls wissenschaftsnah, insofern sie nicht nur in den meisten Fällen eine universitäre Bildung genossen haben, sondern vielerorts im Hauptberuf an der Universität tätig sind oder waren – was das Feuilleton selbst im Übrigen auch gerne herausstellt. Das *Genre* hingegen ist es nicht. Denn das Schreiben des Feuilletons ist dem der Wissenschaft gerade entgegengesetzt. Arbeitet die Wissenschaft versuchsweise objektiv, methodisch abgesichert (und ist dadurch, zugegeben, in ihren schlechtesten Beispielen gelegentlich staubtrocken und lebensfern), so bezieht das Feuilleton seine Stärke aus dem gewollt Subjektiven, dem Sinnlich-Spielerischen, ironisch Pointierten und aus seiner lebensnahen Aktualität.

Der Feuilletonist betrachtet als ein »Chronist des Augenblicks« die Phänomene gegenwärtiger Kulturen. Dabei gibt es durchaus Berührungspunkte zur wissenschaftlichen Analyse. Denn neben der Kommentierung gehören Reflexion und Distanz (wenn auch weniger in systematischer Art und Weise) zur Schreibhaltung des Feuilletons. Aufgabe und Ziel der Wissenschaft hingegen ist gerade das langfristige, systematisch und methodisch distanzierte, dialektische Denken und Schreiben. Und in diesem Sinne positionieren sich universitäre Geisteswissenschaften und Feuilleton als zwei ihrer erklärten Ausrichtung nach entgegengesetzte und auch als solche von der Öffentlichkeit wahrgenommene Diskursteilnehmer einer »kritischen Öffentlichkeit«.

Doch während sich die Universität immer mehr nach außen öffnet, igelt sich das Feuilleton in seiner Selbstbespiegelung zunehmend ein. Die vielgescholtene Alma mater bewies in den vergangenen Jahren eine erstaunliche Flexibilität als Reaktion auf zunehmenden finanziellen Druck und die damit verbundene Notwendigkeit einer Rechtfertigung ihres Tuns – ein ähnlicher Druck, wie er auch auf dem Feuilleton lastet. Medial begleitete Ringvorlesungen, offene Universitätstage, Vorlesungsmarathons sind Beispiele für publikumswirksame Öffentlichkeitsarbeit und belegen die Vernetzung von Universität und einer vor Ort nachfragenden Öffentlichkeit.

Vielleicht ist diese Art der Öffentlichkeit eine andere als die im Titel dieser Tagung frei nach Jürgen Habermas beschworene »kritische Öffentlichkeit«. Ach, die kritische Öffentlichkeit! Vielleicht besteht das Problem ja darin, dass das Feuilleton die kritische Öffentlichkeit *ist* und also gar kein Forum für diese darstellt, wie es der Einführungstext von Thomas Steinfeld herausstellt. Dort hieß es noch, das Feuilleton sei das mittlerweile einzige Forum der intellektuellen Auseinandersetzung in der großen Öffentlichkeit. Ein Forum aber ist eine Begegnungsstätte. Doch zwischen wem? Wo ist die Öffentlichkeit, die sich im Feuilleton äußerte, außer eventuell im konsequent »Leben« genannten Ressort der »Zeit«? Das mit der Ausweitung des Feuilletons einher gegangene Erfinden von Themen, die Selbstsetzung von (lediglich behaupteten) gesellschaftlichen Debatten zeigt gerade die Abgeschlossenheit eines von Insidern geführten Diskurses für Insider und eben nicht seine Vernetzung. Keine Chance, eine dieser Tage erschienene Glosse über Alexander Kluge im Feuilleton der »Frankfurter Allgemeine Zeitung« zu verstehen, ohne nicht das Interview mit ihm in der »Süddeutschen Zeitung« gelesen zu haben. Liest die »große Öffentlichkeit« wirklich mehrere überregionale Zeitungen am Tag? Verkennt das Feuilleton nicht seine Lage und schon seine Funktion, wenn es dies voraussetzt?

Burkhard Müller nannte das Feuilleton eine »intime Ersatzöffentlichkeit«. Es scheint symptomatisch zu sein, dass die sich hier anschließende Diskussion die Abgeschlossenheit des Feuilletons, das Führen von Debatten, bei denen eigentlich nur Feuilletonisten debattieren, noch einmal im Kleinen vorführte. Die lesende Öffentlichkeit steht dabei draußen vor. Amüsant ist das allenfalls dann, wenn man weiß, wer gegen wen und warum – doch wer aus der »großen Öffentlichkeit« weiß das schon, morgens am Frühstückstisch?

Das Kennzeichen des Themenerfindens oder der Selbstbezüglichkeit ist gerade nicht »Kritik«, was implizieren würde, sich re-aktiv zu Kultur und Gesellschaft zu verhalten und also als distanzierter Reflektor zu argumentieren, zeitkritisch zu diagnostizieren und in diesem Sinne die Leser zu *aktivieren*. Zur Kritik aber, der ehemals vornehmsten Aufgabe des Feuilletons, gehört die *Vermittlung* von Wissenschaft, anstatt, wie es in einigen Beiträgen gelegentlich durchschien, vom Anspruch des Feuilletons zu reden, die Wissenschaft für die kritische Öffentlichkeit ersetzen zu können oder zu wollen.

So bildet das Feuilleton vielleicht am Ende doch leider seine eigene Wissenschaft aus: ein eigenes Expertentum, das sich in einer Art autopoetischen Prozesses zurück in sich selbst wendet und so ein ganz eigenes System bildet. Hier werden die Stärken des Feuilletons, das Spielerische, der nichtwissenschaftliche Umgang unter anderem auch mit Wissenschaft, zum reinen Selbstzweck. Doch kein System ohne Umwelt, das haben wir mit Luhmann gelernt. Zu dieser Umwelt des Feuilletons gehört einerseits die Universität mit ihren wissenschaftlichen Diskursen, gehört andererseits aber auch eine *lesende Öffentlichkeit*. Vielleicht wäre schon viel erreicht, wenn diese wieder verstärkt in den Blick genommen würde.

Wie öffentlich ist das Feuilleton?

von Karen Werner,
Alexander Friedrich, Jan Friedrich, Nils Kasper
und Johannes Schneider

Anlässlich negativer Rezensionen zu seinem Buch lässt Michael Bulgakow den gekränkten Autor in »Der Meister und Margaritha« sagen: »... etwas durch und durch falsches und unsicheres war buchstäblich aus jeder Zeile dieser Artikel zu spüren, trotz ihres überzeugenden und drohenden Tons. Ich hatte ständig das Gefühl ..., dass die Verfasser nicht sagten, was sie wollten und dass gerade dies sie in Wut versetzte ... «

Drohend ist der Ton in dem heutigen Feuilleton sicher nicht mehr. Eher ließe sich sagen, dass die Wut, nicht zu sagen, was man sagen will, sich zynisch Bahn bricht. Woher dieses Unvermögen, zu sagen, was man will, kommt, darüber lässt sich nur spekulieren: Sei es die Angst vorm konkurrierenden Feuilleton oder die Angst, sich zu entblößen. Festzustellen ist in jedem Fall, dass im Feuilleton – zunehmend – ein Zynismus Platz greift, der aus der jeweils verhandelten Sache selbst nur schwer zu erklären ist.

Ein Zynismus, der den Leser im Unklaren verharren lässt, so wie es uns bei der Lektüre des Artikels »Der Bock als Gärtner – zur obskuren Diskussion um eine Quote für deutschsprachige Popmusik im Radio« vom Montag, dem 11. August 2003, in der »Süddeutschen Zeitung« widerfuhr. Der Autor, Karl Bruckmaier, beginnt den Text mit einem historischen Rückblick auf die Entwicklung der deutschen Medienlandschaft: Wie, um mit den Worten des Autors zu sprechen, der Herrenmenschen liebstes Spielzeug – der deutsche Rundfunk – nach dem Krieg von klugen Köpfen in ein »verschnarchtes, aber effizientes«, plurales Medienparadies umgewandelt worden ist. Ist die Metapher »Paradies« ernst gemeint oder nicht?, fragt man sich und denkt: Sie ist wohl eher ironisch gemeint! Doch bereits im nächsten Satz wird man eines Besseren belehrt. Dort nämlich taucht die Parteienschlange auf, die in Aufsichtsgremien an den Wurzeln des Baumes der Erkenntnis nagt und der es missfällt, dass in den Medien politische und ästhetische Bildung betrieben wird. Die Frage, inwieweit das Bild einer am

Baum der Erkenntnis nagenden Schlange stimmig ist, einmal beiseite gelassen: Ist die Rundfunklandschaft nun doch ein Aufklärungsparadies, wenn nur die Schlange nicht wäre? Auch falsch! Denn wenig später ist von der Gängelung der Zuschauer durch die selbstzufriedenen Schranzen von ARD und ZDF die Rede. Das Ganze lässt sich wohl nur durch mehrmalige Perspektivwechsel erklären, nur leider sind diese nicht angezeigt und vor allem ist zu fragen: Wo steht Bruckmaier selbst?

Bruckmaier sitzt, und zwar zwischen den Stühlen, wettert gegen alle und amüsiert sich über die wohlplatzierten Pappkameraden: Die Zuschauer gehen den Weg des geringsten intellektuellen Widerstandes, die ohnehin verdorbenen Politiker stopfen das Sommerloch mit Sonntagsreden zur Quotenregelung, und in den Intendantenbüros der Öffentlich-Rechtlichen werden vorauseilend die Quotenhacken zusammengeschlagen. Bleiben hinter der mythologisch aufgeladenen und ironisch gebrochenen Entlarvungsrhetorik Bruckmaiers, hinter postmodernisierten Bibelanleihen und ihrer Verschraubung mit der Genese des öffentlichen Rundfunks doch nur Platitüden und die dunkle Ahnung, dass Bruckmaier hinter der Diskussion um die Quotenregelung eine Affirmation des »braunen Baatzes« vermutet? Nebenbei gefragt: Was ist eigentlich »Baatz«?

Offenbart sich Bruckmaiers Standpunkt nur vermöge eines siebten Sinnes, erschließt er sich nur Eingeweihten oder erschöpft er sich in der schieren Ablehnung einer Quotenregelung? Fragen, die sich unserer Meinung nach bei einem Artikel nicht stellen sollten, der mit großem Tamtam verspricht, einen Beitrag zur »obskuren Diskussion« der Quotenregelung zu leisten. Angemessener wäre es unserer Meinung nach gewesen, wenn der Autor die Polemik auf eine sachliche Grundlage gestellt und seine Bezugspunkte – unter anderem den Artikel von Julian Nida-Rümelin – argumentativ aufgegriffen hätte, anstatt sie mit zynischen Seitenhieben abzuspeisen.

Es liegt nicht in unserer Absicht, Bruckmaiers Text oder die noch folgenden Beispiele zur Zielscheibe einer nur individuellen Kritik zu machen. Die Probleme, auf die wir aufmerksam gemacht haben, ließen sich als etwas Typisches ebenso gut an anderen Artikeln aufzeigen. Denn: Ein solcher Tanz ums Fragezeichen begleitet die Feuilletonlektüre aus unserer Sicht häufig. Inwieweit dies an einer wirklichen Standpunktlosigkeit des jeweiligen Autors liegen mag, ist für uns unentscheidbar. Oft indessen überwiegt der Eindruck, an den wesentlichen Argumenten vorbei geblickt zu haben.

Doch so lange man auch danach sucht, man findet sie nicht. Man steht in einem wahren Wörterwunderwald, den eine veritable Sucht nach der geglückten Phrase gezimmert zu haben scheint. In diesem verquicken sich in unterschiedlicher Gewichtung mindestens drei Momente, die die Zugänglichkeit des Feuilletons beeinträchtigen:

Die bereits angesprochene Positionslosigkeit, ein Lavieren um den Gegenstand, das ihn in der Vielfalt der eingenommenen Perspektiven eher verdunkelt als erhellt. Ihr gesellt sich, beinahe widersprüchlich, ein Gestus des Bescheidwissens zu, der einem elitären und zynischen Stil ebenso zu entspringen scheint, wie er darin einmündet. Unter Position verstehen wir dabei weniger das Woher des Autors als das Wohin des Textes, seinen Fluchtpunkt. Bleibt dieser verborgen, gleicht die Kritik einem Brummkreisel, der sich erst eifrig um sich selbst dreht, um dann benommen auszutaumeln und schließlich wie zufällig liegen zu bleiben. So banal diese Einsicht auch sein mag, so gründlich scheint sie bisweilen unterm Glanz der Phrasen verschüttet.

Sicher ist eine klare Positionierung nicht von jedem Feuilleton-Artikel zu fordern. Zumindest bei solchen jedoch, die zu politischen, kulturellen und soziologischen Debatten Stellung zu nehmen versprechen, sollte vor allem Klarheit das Anliegen des Autors sein – im Sinne des Lesers, dem er dadurch die Möglichkeit gibt, an der Diskussion teilzuhaben.

Das nicht minder häufige Pendant jenes ortlosen Kreiselns um die Sache ist eine gebildet auftrumpfende Redelust, der der Gegenstand nur Sprungbrett für ein Brillieren mit Aperçus und Glossen zu sein scheint. So wächst sich beispielsweise Niklas Maaks Filmkritik zu François Ozons Film »Swimmingpool« am 10. August 2003 in der »Frankfurter Allgemeinen Zeitung« zu einer bisweilen unterhaltsamen, aber insgesamt recht uferlosen Ausschweifung über den Pool als einer sehr fragwürdigen Errungenschaft der Menschheit aus. Ein ganzseitiges Bild von einer Frau, die sich lasziv in einem Pool sonnt, lenkt die Aufmerksamkeit der Feuilletonleser zunächst auf Ozons Film. Sechs lange Spalten Text versprechen viel zu sagen über die »Pool-Position«, den besten Ort des Sommers, vermeintlich, denn – in Zukunft würden wir woanders baden gehen, verkündet die Überschrift. Aha, ein Film übers Baden ... nein, ein Krimi ... doch wie es scheint, kein guter. Denn schon in den ersten Zeilen, in denen der Plot als Klischee und die Nebensächlichkeit der beiden weiblichen Protagonisten beklagt werden, fällt der Rezensent das lakonische Urteil, es gehe im »Swimmingpool« lediglich um Fleischbeschau, und dampft schließlich das Werk auf die zentrale Frage ein, ob denn das Meer nun oder der Swimmingpool der bessere Ort zum Baden sei. Pointe: Weder noch – im Flussbad nämlich liege die Zukunft, als ob sich damit die sogar doppelte Überflüssigkeit des Films vollends offenbarte.

Handelt es sich nun um eine Kritik des Pools als Luxusinstitution oder am Ende doch um eine Filmkritik, nur eben eine, die den Film bloß beiläufig zur Sprache bringt? Hat der Rezensent sich ihn überhaupt richtig angesehen, fragt man sich – zumindest spätestens nach der Lektüre der drei Tage darauf im Feuilleton der »Süddeutschen Zeitung« erscheinenden Besprechung, die den Film als ein kleines Meisterwerk dastehen lässt. Also doch kein platter Badekrimi

Wie kann es möglich sein, dass Niklas Maak den Regisseur François Ozon als »außerordentlichen Frauenverächter« schmäht, während Susan Vahabzadeh, die Feuilleton-Autorin der »Süddeutschen Zeitung«, ihn als »wahren Frauenregisseur« lobt? Ihm sei nicht nur eine berückende Inszenierung weiblicher Sinnlichkeit geglückt, sondern es auch noch gelungen, sein kinematisches Spiel mit Klischees und Rollen zu einer irritierenden Suche nach dem Ursprung des Thrillers zu entwickeln.

Indessen ist weniger der Dissens der beiden Autoren selbst verwunderlich als die lapidare Art und Weise, mit der Maak den Film förmlich abkanzelt, ohne dass sich sein Urteil nachvollziehbar aus der Darstellung des Films ergäbe. Statt also den immerhin großzügig bemessenen Platz für eine fundierte Kritik zu nutzen, füllt er ihn anderweitig. Bleibt die Frage: Ist es wirklich angemessen, den Stoff zugunsten des eigenen Schreibens zu disqualifizieren?

Zusammenfassend lassen sich vier Gestalten von Positionslosigkeit differenzieren, denen das Feuilleton maßgeblich aufgrund seiner stilistischen Eigenheiten disponiert bleibt: 1.) Das waffenstarrende »Vielleicht«; eine Positionslosigkeit, deren geballte Rhetorik das Fragen zynisch als Naivität denunziert. 2.) Die im Trüben verschanzte »Position«; d. i. ein Standpunkt, der sich selbst bedeckt hält, aber ironische Hinweise streut, dass es ihn gibt. 3.) Die Tendenz der tausend Einwände, das Gehäkel von Einerseits-Andererseits mit großem »Aber« ohne Punkt, d. i. eine Positionslosigkeit, die sich durch impliziten Verweis auf den postmodernen Wertedschungel selbst legitimiert. 4.) Die enthobene »Position«, die sich zwar bekennt, aber kaum darum bemüht, ihre Gründe offen zu legen.

Durch diese Neigung des Feuilletons, sich im Nebulösen und Geheimnisvollen zu verlieren, wird es zuweilen zu einem abgeschotteten Raum, in dem sich die Autoren untereinander zwar verstehen mögen – die Öffentlichkeit indessen bleibt außen vor!

Dem wäre entgegenzusetzen ein gleichsam abgerüstetes »Vielleicht«, das eher gewichtet und sondiert, als spöttisch die Schultern zu zucken, eine klare Position zum Preis ihrer Angreifbarkeit sowie ein stringenteres und vor allem transparenteres Textgefüge.

Sicher ist uns auch an stilistisch hochwertigen Feuilletons gelegen. Unsere Beobachtungen sollen keineswegs eine nachrichtenähnliche Sachlichkeit einfordern, die sich etwa zugunsten des Klaren und Deutlichen der Pointen entschlüge. Doch: Wenn der Stil die Aussage frisst, wenn Zynismus derart universell wird, dass kein Standpunkt übrig bleibt, dann geht eben nicht nur der Gehalt verloren, sondern – zumindest uns – auch die Lust am Lesen.

Die Lektüre der Hagenströms
Das Feuilleton und seine Ungebildeten

von Jürgen Kaube

I

Selbstthematisierungen des Feuilletons neigen zu einer Form falscher Devotion, ähnlich derjenigen, die Theologen leicht überkommt, wenn sie über Säkularisierung sprechen. Allzu leicht nämlich verwechselt der Feuilletonist sich mit dem Gebildeten schlechthin, fühlt er sich als Statthalter von Bildung im Augenblick ihrer Krise. Man darf ihm das nicht verargen, er hat ein paar Gründe dafür und übersieht vielleicht nur, dass es keine hinreichenden Gründe sind. So hat der Feuilletonist studiert, mancher wurde promoviert, hat sich gar habilitiert.[1] Dass Bildung Kontakt zu Wissenschaft voraussetzt – hier meistens: zur Geisteswissenschaft –, wird auf diese Weise zur lebensweltlichen Selbstverständlichkeit des Feuilletonisten. Gegenüber der Wissenschaft wiederum, die er selber zumindest tagsüber nicht betreibt, deren zahllosen Zumutungen er sich darum unter Verzicht auf eine Lebensstellung auch nicht aussetzen muss, hat er den Vorteil, ihre Hervorbringungen noch einmal unterscheiden zu können: in solche, die dem wissenschaftlichen Betrieb, also der Masse der Forschenden geschuldet sind, und solche, die Bestand haben, indem sie geistvoll sind. Gegenüber der Wissenschaft vertritt er also das Leben, das fragt, was es von ihr hat. Gegenüber dem Alltag hingegen vertritt er das Raffinement der kulturellen und wissenschaftlichen Sphäre.

---

[1] In Forderungen wie der im Verlauf der Hallenser Tagung von Dr. Tilman Krause geäußerten, Feuilletonisten *sollten* geradezu promoviert sein, und in Beobachtungen wie der von Dr. Gustav Seibt, mit Thomas Mann sei gar ein Schulabbrecher der kanonische Bildungsparvenü der Gegenwart, kann man den starken Eindruck nachfühlen, den die akademische Zertifikation nach wie vor macht. Mit mehr Distanz zum selben Thema: Thomas Steinfeld, Der grobe Ton, Frankfurt am Main 1991, und Eckhard Henscheid, Zehn zu Neun für Stroh, Berlin 1998.

Als ideale Leserschaft erscheint aus solch einer günstigen Position fast zwangsläufig eine Minderheit. Hört man sich die Forderungen an, die von Schriftstellern wie Martin Mosebach an das Feuilleton herangetragen werden – am besten gar keine Abbildungen, Verkleinern der Schrifttype, forcierte Hinwendung zur Kennerschaft –, dann besteht in Bezug auf das tatsächliche Publikum von Zeitungen kein Zweifel: Schon seine Zahl ist Frevel. Exklusivität als solche wird zum Argument. So aber reden Sekten, nicht Kirchen, und es gehört zur Unaufrichtigkeit mancher Sekten, dass sie sich als die wahre Kirche präsentieren, um den Anspruch auf das Gehör größerer, wiewohl imaginärer Adressatenkreise doch nicht ganz zu verlieren. Blätter für die Kunst sollten es sein, aber am besten an jedem Kiosk hundert Exemplare davon, das wäre schön. »Exclusive Blend« steht auf dem Pfeifentabak, aber die Interessen der Hersteller sind doch inklusiv, warum also, möchte man dagegenhalten, den Inhalt nicht lieber »Hausmischung« nennen?

Als Bezugsgruppe des Feuilletons wird darum oft das Bildungsbürgertum angegeben. Die beiden Merkmale dieser inzwischen überforschten Spezies scheinen nämlich geeignet, das Paradox exklusiver Inklusivität durch Nachweis einer sozialen Gruppe, die ihm entspricht, zu entschärfen. Dieses Publikum ist als gebildetes exklusiv, als Bürgertum aber hinreichend groß, um Gesichtspunkten der Geschäftsführung und damit auch den Reproduktionsbedürfnissen von Intellektuellen zu genügen. Manche Verhaltensunsicherheit des feuilletonistischen Publizierens dürfte so gesehen darauf zurückgehen, dass ihm selber unklar geworden ist, worum es sich bei dieser Gruppe handelt, ob sie noch immer existiert und was ihr Wegfall bedeuten könnte. Diese Fragen zu umgehen, ist nachgerade die Taktik der Beschwörung des bildungsbürgerlichen Kanons. Manfred Fuhrmann etwa, der den europäischen Bildungskanon des bürgerlichen Zeitalters aufschlussreich dargestellt hat, erläutert dessen Komponenten Schritt für Schritt: Bildung, Europa, Kanon – nur die Figur des Bürgers bleibt undiskutiert. Die Musen als Damen ohne Unterleib oder: In Semantik sind wir gut und jederzeit bereit, Tradition in die Forderung an die eigene Gegenwart, sie möge ein schlechtes Gewissen haben, umzuarbeiten. In Soziologie aber genehmigen wir uns gern eine freie Stunde, da das Fach sich ohnehin nur für jene großen Zahlen interessiert, in denen es uns nicht gibt.

Andererseits ist der Schwund ansehnlicher Zahlen gerade die Sorge des Tages. Geisteswissenschaftler und geisteswissenschaftlich ausgebildete Journalisten leiden darunter, dass sie für ihre Gegenstände nur noch ein spezielles, aber kein allgemeines Publikum mehr zu finden scheinen. Der Demonstrationswert von Bildung in der alltäglichen Interaktion ist gefallen. Anspielungen auf Ovid oder Dante laufen Gefahr, ins Leere hinein zu erfolgen oder als Angeberei interpretiert zu werden. Die Kenntnis des Alten Testaments und der antiken Mythologie muss Studenten der Kunsthistorie in eigenen Stützkursen ebenso beigebracht werden wie die Integralrechnung denjenigen der Volkswirtschaftslehre. Man hat von jungen Regisseuren gehört, die den »Faust« zum ersten Mal lasen, als sie ihn zu inszenieren hatten. Die Schulen und Familien leisten diesen Transport von Tradition also offenbar nicht mehr so, wie man es sich als Leistung der Vergangenheit vor der Bildungskrise – wahlweise der Zeit vor 1968, vor 1918 oder vor 1871 – vorstellt.

Im neunzehnten Jahrhundert nämlich habe es sie in Deutschland noch gegeben, den Homer lesenden Chemiker, die musizierende Beamtenfamilie, den Kaufmann, der Raffael von Botticelli zu unterscheiden wusste. Das Gymnasium pflegte den Kanon, und die Universitäten verstanden sich als Orte philosophisch angeleiteten Erkenntnisgewinns. Antike, Renaissance und Neuhumanismus wurden innerhalb bildungsbürgerlicher Kreise als verpflichtend, als maßgebend empfunden. An das Bild einer solchen selbstverständlichen Orientierung durch Kultur, durch musisches, philosophisches und historisches Vorwissen, knüpft die feuilletonistische Kulturkritik ihre Funktion. Aus ihm leitet sie ihr spezifisches Ethos ab, die Künste für das Allerwichtigste zu halten, ein Allerwichtigstes, human Hocherwünschtes freilich, das eigentümlicherweise auf stets bedrohtem Posten steht. Und weil es stets bedroht, wenn nicht sogar schon vergangen ist, bedarf es publizistischer, geisteswissenschaftlich informierter Pflege. Kein Zufall insofern, dass als Antwort auf eine vermutete Krise des Feuilletons der Rückzug auf sein Kerngeschäft, die ästhetischen Fächer, sogar von solchen Autoren gefordert wird, die selbst zumeist historische, politische, zeitdiagnostische oder allgemeinintellektuelle Kommentare verfassen. Bildung im Sinne ästhetisch-historischer Bildung ist die regulative Idee des Feuilletons, seine Fixsterne Weimar, die Welt von Stefan George, Rudolf Borchardt und Hugo von Hofmannsthal sowie eine ideale Universität. Je nach kulturkritischer

Diagnose wurde diese Welt durch die Gründerzeit und ihre Präferenz für polytechnische Ausbildung, durch den Aufstieg der Massen zu Beginn des zwanzigsten Jahrhunderts oder durch die antibürgerlichen Affekte der Generation von 1968 zerstört.

II

Es ist interessant, dass die erste scharfe, ja aggressive Analyse einer Bildungskrise in deutscher Sprache, diejenige Friedrich Nietzsches, eine ganz andere Urheberschaft für den Verfall des Allerwichtigsten ausmacht. Im fünften Vortrag seiner Erzählung »Über die Zukunft unserer Bildungsanstalten« aus dem Winter 1872 heißt es: »Wer die gefährlichsten Förderer und Freunde jener von mir so verhassten Pseudokultur der Gegenwart in der Nähe und durchdringendem Auge mustert, findet nur zu häufig gerade unter ihnen solche entartete und entgleiste Bildungsmenschen, durch eine innere Desperation in ein feindseliges Wüten gegen die Kultur getrieben, zu der ihnen niemand den Zugang zeigen wollte. Es sind nicht die Schlechtesten und die Geringsten, die wir dann als Journalisten und Zeitungsschreiber in der Metamorphose der Verzweiflung wiederfinden; ja, der Geist gewisser, jetzt sehr gepflegter Literaturgattungen wäre geradezu zu charakterisieren als desperates Studententum. Wie anders wäre zum Beispiel jenes ehemals wohl bekannte ›junge Deutschland‹ mit seinem bis zum Augenblick fortwuchernden Epigonentum zu verstehen! Hier entdecken wir ein gleichsam wildgewordenes Bildungsbedürfnis, welches sich endlich selbst bis zu dem Schrei erhitzt: ich bin die Bildung!«

Dass Nietzsche den Journalisten, und zwar genau jene Ausprägung, die heute als Feuilletonist bezeichnet werden würde, für den Zerfall der Bildung verantwortlich macht, hat für ihn selber zwei Gründe. Die Zeitung drängt sich zwischen den Leser und das Original, sie bietet Kultur aus zweiter Hand, ersetzt Kenntnis und Erfahrung durch Wissen aufgrund von Hörensagen. Und sie kettet ihre Leser an die Gegenwart, an eine jeden Tag sich scheinbar erneuernde, insofern Bildungstugenden wie Geduld, Respekt, Pflege entwertende Gegenwart. Das schnelle Schreiben und das auffällige schieben sich an die Stelle des richtigen und durchdachten. »Das Uebergewicht nämlich bei dem, was der Deutsche jetzt jeden Tag liest, liegt ohne Zweifel auf Seiten der Zeitungen nebst dazu gehörigen Zeitschriften:

deren Deutsch prägt sich, in dem unaufhörlichen Tropfenfall gleicher Wendungen und gleicher Wörter, seinem Ohre ein, und da er meistens Stunden zu dieser Leserei benutzt, in denen sein ermüdeter Geist ohnehin zum Widerstehen nicht aufgelegt ist, so wird allmählich sein Sprachgehör in diesem Alltags-Deutsch heimisch und vermisst seine Abwesenheit nöthigenfalls mit Schmerz«, heißt es in der »Ersten Unzeitgemäßen Betrachtung«.

Soll man selbst eine Art Bildungsdefizit darin erkennen, dass Feuilletonisten sich selber und den sozialen Zusammenhang, in dem sie berufsmäßig stehen, nurmehr als ausgezeichnete Beobachter, aber nicht mehr als Quelle von Bildungskrisen vorstellen können? Oder gehört das Vergessen Nietzsches nebst dem von Karl Kraus an dieser Stelle zu den handlungsbefähigenden Verdrängungsleistungen, die jedem Berufsstand eingeräumt werden müssen?

Dem guten Gewissen durch den historischen Hinweis ein schlechtes machen zu wollen, wäre ebenso aussichtslos wie unsachgemäß. Man kann die Prämissen Nietzsches nicht einfach in eine Zeit übernehmen, die nicht mehr am Beginn der Massenmedien steht, und in der die Pflege elitärer Einstellungen gegenüber den »Massen« längst selbst als Bildungsphilistertum eigener Sorte beschrieben worden ist.[2] Der Primat des Primären gegenüber dem Sekundären, wie ihn ganz im Buchstaben Nietzsches vor einiger Zeit George Steiner unterstrichen hat, ist entweder eine Trivialität – dann kann ohne Pathos und Heilsversprechen an ihn erinnert werden, was in den Feuilletons selber auch fortwährend geschieht. Oder er ist als Bannspruch gegenüber »inkongruenten Beschreibungen« (Kenneth Burke) von Literatur, Musik, Philosophie und Kunst gemeint, von Analysen also, die herauszufinden versuchen, was dahinter steckt – dann fragt man sich, inwiefern das Echte, Klassische, real Gegenwärtige, die Bildung eben, durch subalterne Erkenntnisinteressen überhaupt beeinträchtigt werden kann und vor ihnen geschützt werden muss.

Gibt man Nietzsches Attacke eine soziologische Wendung, dann leuchtet das Konkurrenzverhältnis, das er zwischen »wahrer Bildung« und dem Zeitungswesen behauptet, aber nach wie vor ein. Denn wenn der Bildungs-

---

[2] Besonders eindrücklich für den englischen Kontext bei John Carey, »The Intellectuals and the Masses: Pride and Prejudice among the Literary Intelligentsia, 1880 – 1939«, London 1992

kanon tatsächlich die unausgesprochene Hintergrundgewissheit mancher bürgerlichen Kreise war, dasjenige, was in ihnen nicht mehr eigens thematisiert zu werden brauchte, weil es als gültig unterstellt werden konnte, dann entspricht die von den Massenmedien beschriebene und entworfene Wirklichkeit einer solchen Hintergrundgewissheit für unbürgerliche Welten. Wissen, das in jedem Gespräch unterstellt werden kann, ist entweder Schulwissen oder durch die Massenmedien vermittelt. In dem Maße, in dem solche unbürgerlichen Welten inklusiv sind, wird das überlieferte Bildungsgut darum dem Vergleich mit Pop und Sport und anderen Neuigkeiten ausgesetzt. Die Erweiterung des Feuilletons um Themen aus diesen Bereichen, weit entfernt ein bloßer Effekt der Erweiterung von Umfängen zu sein, vollzieht diese thematische Inklusion nach Art der Wissenschaften, deren Erkenntnisinteresse sich ja ebenfalls homogen auf alle Gegenstände richtet und die ja ebenfalls *auf der Ebene ihrer Themenwahl* nicht kritisiert werden können.

III

Zeitungen, mithin auch Feuilletons, werden nicht für die schon Gebildeten und jedenfalls nicht für die im Sinne des beschworenen Kanons Gebildeten gemacht. Innerhalb der klassischen sozialgeschichtlichen Opposition von Bildungs- und Wirtschaftsbürgertum wäre man gezwungen zu sagen: Die Hagenströms lesen, sofern sie denn lesen, Zeitung, während Thomas Buddenbrook ausnahmsweise Schopenhauer liest, was entweder als Grund oder als Ausdruck seines geschäftlichen Niederganges gedeutet werden mag. Wie nahe läge es darum, die Zeitung ihrerseits primär für die Hagenströms, sekundär für die Buddenbrooks und jedenfalls nicht in erster oder zweiter Linie für das Geheime Deutschland zu schreiben. Oder, um aus dem Umkreis des Parvenükanons herauszutreten, für die mehr oder weniger oder jedenfalls mitunter Ungebildeten zu schreiben, denen anzugehören die Tradition in Gestalt Nietzsches jedem Feuilletonisten die Erkenntnischance gibt. Das hieße vor allem: so zu schreiben, dass die Bildung und ihr Kanon nicht als Prämisse, feste Burg und fragloser Horizont aller Mitteilungen verwendet werden. Denn aus den Zeiten, in denen das einleuchten mochte, war man eben in dem Moment heraus, in dem die Massenmedien begannen, ihre Wirkung zu entfalten. Man kann es daher fast als ein Sinnimplikat feuilletonistischen Schreibens bezeichnen, dass Bildung unselbstverständlich ist.[3] Dass sie es geworden ist, hat den großen Vorzug, zum Nachdenken über sie anzuregen und es nicht beim Miterleben oder Nachbeten zu belassen. Wie heißt die Mutter von Achill? Wozu soll ich das wissen? Es gibt, mein Kind, gute Gründe dafür, zum Beispiel diese ...

---

[3] In den Diskussionen von Halle hat Martin Bauer an dieser Stelle das Argument in kritischer Absicht interessant paraphrasiert. So, wie eine Sprache, der Theorie des Philosophen Donald Davidson zufolge, nur verstehen und Wahrheitsfragen in ihr artikulieren kann, wer eine ungeheure Menge an Sätzen bereits verstanden hat oder jedenfalls im Unbefragten lässt, so sei es auch in Fragen der Kultur, des Kanons und der Bildung nicht möglich, alle ihre Elemente einzeln zu durchleuchten, ohne dabei jeweils alle anderen gewissermaßen als garantiert zu unterstellen. Den Versuch, es dennoch zu tun, nannte Bauer »bolschewistisch«. Nun blutet erstens Goethe nicht, wenn man fragt, was genau er zu denken gibt, anstatt bildungsbürgerlich zu unterstellen, er werde schon irgend etwas, und zwar einwandfrei etwas Hohes zu denken geben. Es müsste sich insofern um einen bis zur Apolitizität friedlichen Bolschewismus handeln, der hier an die bürgerliche Kultur die Frage richtet, was sie einer unbürgerlichen, nämlich unserer Zeit mitzuteilen vermag. Zweitens aber hat Bauer recht zu geben: Man kann keinesfalls alles zugleich und vollständig in Frage stellen. Aber was möglich bleibt, ist heute zu fragen, warum Griechischstunden sein sollten, und morgen, inwiefern »Schwanensee« uns etwas Wichtiges zu verstehen gibt, und übermorgen sich mit Gründen, sofern man sie denn vorweisen kann, weigern, T. S. Eliot für einen großen Lyriker zu halten. Für das Feuilleton genügen dabei gewissermaßen »kleine« Argumente, Denkanstöße, die über die allgemeine Hinnahmebereitschaft von Kultur – deren Reflex die fiskalisch motivierte Abschaffungsbereitschaft ist – hinausgehen, ohne in der Tat philosophisch befriedigende Letztdurchleuchtung bieten zu können.

Gegenwart und Zukunft
der Bildungsbürgerlichkeit

von Gustav Seibt

Überraschend viel von dem ist noch da, was einst Bildung, Bürgerlichkeit und Bildungsbürgerlichkeit ausmachte, aber es liegt auf eine geröllhafte Weise zerstückelt herum in einer Landschaft, die davon nicht mehr bestimmt wird. Einige Äußerlichkeiten des bürgerlichen Habitus erleben ja derzeit sogar eine gewisse Renaissance, besser: ein Revival. Die umgeschlagene Manschette, das Kurland-Service, der Hausmusik-Tee, wenigstens stundenweise Bedienungen und Bügelkräfte erfreuen sich ungenierter Wertschätzung. Gemäldeausstellungen und Symphoniekonzerte sind so gut besucht wie eh und je. Seit der Pisa-Studie wird viel Gewese gemacht um Ausbildung, aber auch um höhere Bildung, Kanonserien füllen die Blätter, Kanonsammlungen die Buchhandlungen. Der Titel »Bildung« schmückt mehr als einen Bestseller. Eine hektische Beflissenheit liegt über dem Land.

Nur ist all das doch nicht ganz ernst. Das Spiel mit den bürgerlichen Insignien wird nicht zuletzt von Popliteraten vorangetrieben, die lustvoll einen neuen, politisch nur vorgeblich inkorrekten Standesdünkel kultivieren, und somit enthüllt sich das Bürgerlichkeitsrevival als Retro unter vielen anderen; es koexistiert anstandslos mit dem Puccimuster der Siebziger auf der Tapete im Nachtclub, der DDR-Nostalgie oder dem Proletkult in der Jugendmode. Bürgerlichkeit hat in diesem Umfeld keinerlei Verbindlichkeit, sondern zählt zu der reichen Angebotspalette ästhetisierter Lebensstillagen in einer liberalen, genauer gesagt wurschtigen, gleichförmig individualisierten Gesellschaft. Dass besorgte Eltern nach einer wilderen Jugendphase den bürgerlichen Lebensstil gern ernster nähmen – »Kinder sind CDU«, sagte mal ein Kollege –, steht dem nicht im Wege. Immerhin: Der bürgerliche Wertehimmel, die alten Tugenden von Fleiß und Sparsamkeit, Triebverzicht und Innerlichkeit erfreuen sich nicht nur eines neuen kulturgeschichtlichen Interesses, sie werden ganz ernst in kirchlichen Akademien und auf den Podien der Parteistiftungen als Maßgaben für heute debattiert. Der demographische Umbruch und die Rentenkrise lassen die bürgerliche Tugend eigenverantwortlicher Vorsorge im Kurs ganz hoch steigen.

Eine Grundlage des neuen Bürgerlichkeitsspiels ist der weiter wachsende Bedarf an gut ausgebildeter Arbeitskraft in der Gesellschaft, die sich selbst gern über das Wissen definiert. Nicht nur die traditionellen akademischen Berufe, Anwälte, Ärzte, Steuerberater boomen, sondern eine ganz neue Schicht hat sich vor allem in den letzten zehn Jahren zwischen dem Facharbeiter und dem Akademiker ausgebildet: die Welt der Chiphersteller, Softwarespezialisten, Webdesigner, Werber, E-Commerce-Manager, also die Internetberufe, und sie werden die wirtschaftliche Delle der letzten drei Jahre zweifelsohne überleben.

Dazu kommt die Entwicklung zu einer Erbengesellschaft, in der sehr viel nicht selbst erarbeitetes Geld unterwegs ist mit den entsprechenden Möglichkeiten zum gehobenen Konsum und einer jedenfalls in Deutschland neuen Klassenlage, die an viel ältere Verhältnisse anknüpfen kann. Der ästhetische Bürgerlichkeits- und Bildungsretro hat unübersehbar etwas Eigensüchtig-Verwöhntes, zuweilen Feintuerisches, er will auch elegant sein, er zeigt sich aufgeklärt-liberal-konservativ, er gehört also zum Überbau der neuen Mitte. Zeitgeistgeschichtlich geht er einher mit der teils kritischen, teils nostalgischen Historisierung der einst revolutionären Linken, vor allem der 68er, die ja nicht zuletzt von deren gealterten Protagonisten selbst vorangetrieben wird. Es war nicht alles schlecht am Bürgertum, lautet eine Erfahrung am Ende mancher langen politischen Wegstrecke.

Wie sieht die Bildung aus, die sich mit diesen hier nur knapp skizzierten kultursoziologischen Phänomenen verknüpft? Der Hinweis, dass allen Sparzwängen zum Trotz die traditionelle Hochkultur floriert, dass unterm Pisa-Schock demnächst wohl auch die Lehrpläne wieder konservativer werden dürften, reicht nicht aus. Denn das traditionelle Bildungsgut aus literarischen Klassikern, Oper und Konzert, Stadttheater, Museumsausstellung und öffentlicher Vorlesung konkurriert ja mit einem schier unendlich differenzierten Angebot, das von der raffinierten Reklame, den Kultserien im Fernsehen, den großen Kino-Ereignissen bis zum aktionskünstlerischen Insiderevent reicht und das seinen Schwerpunkt in den Subkulturen des städtischen Nachtlebens findet. Kultur wird hier inzwischen fast ausschließlich generationenspezifisch erlebt, sie versorgt jeweils sozial heterogene Altersgruppen mit Erlebnissen und Lebensgefühlen, aus denen später identitätsbildende Erinnerungen werden; es gibt hier nicht mehr den generationen- und klassenübergreifenden Kanon, sondern eine Fülle von Subkanones mit begrenzter Reichweite, Generationenbücher, Generationenfilme, -serien und -musik. Die kulturindustrielle Dynamik der Retrostile lebt aus dieser sozialen Biologie, es handelt sich um den ästhetischen Historismus einer Jetztzeit, die nur vierzig oder höchstens fünfzig Jahre umfasst.

Mit dem überkommenen Verständnis von Bildung, wie sie das alte Bildungsbürgertum prägte, hat diese Art von Kultur kaum etwas zu tun. Dabei sind die vielen kulturellen Sonderwelten nicht durchweg zu verachten – es wäre engstirnig, von Shakespeare oder Kleist aus auf Dogma-Filme herabzuschauen oder von alter Kammermusik aus auf Radiohead; dafür sind die Phänomene viel zu unterschiedlich. Was fehlt, ist das einigende Band, der gemeinsame Bezugspunkt, noch einmal: die Verbindlichkeit. Bildung war einmal ein funktional äquivalenter Begriff zu Tradition, und Tradition ist ein Gegenbegriff zu Generation. Damit ist das kulturelle Dilemma einer Kulturgesellschaft benannt, in der sehr viele Menschen sehr viel sehr Unterschiedliches und zugleich Vergängliches wahrnehmen. Den Kanon zeichnete ja vor allem seine Beschränktheit, also die Übersichtlichkeit, Solidität, Dauerhaftigkeit und Zugänglichkeit aus, die er dem Bildungswissen verlieh. Der Kanon eröffnete auch dem sozialdemokratischen Arbeiter in seiner Abendschule den Zugang zur bürgerlichen Kultur. An seine Stelle ist nicht einfach die Unwissenheit getreten, sondern eine Enthierarchisierung, die zwangsläufig zu Insiderei, Zusammenhangslosigkeit und Flüchtigkeit führt.

Das schadet dem Gespräch; positiv mag man es als Fülle definieren. Fürs Feuilleton bedeutet es fraglos eine Arbeitserschwernis – der Dienst habende Redakteur weiß im Zweifelsfall gar nicht so genau, ob nicht die Reportage über Rockgruppen in New York ebenso »wichtig« sein könnte wie eine Wiederaufnahme bei den Bayreuther Festspielen. Wer eine Umbruchbesprechung in einer beliebigen Redaktion aufnähme und ins Archiv gäbe, der überlieferte der Nachwelt ein denkbar plastisches Bild von den Widersprüchen lebendiger Kultur heute.

Das ist aber doch nicht alles. Es gibt doch noch ein gemeinsames Terrain in der deutschen Bildung, weit größer als ein gallisches Dorf, allerdings auch weit weniger energisch verteidigt. Hier ist ein Gebiet, auf dem sich –

bewusst oder unbewusst – die allermeisten treffen können und das heute in seiner Gesamtheit für das einstehen muss, was Bildung im feierlicheren Sinn einmal hieß. Dieses Terrain – so lautet meine These – ist Thomas Mann und seine Welt, also alles, was mit ihm in Berührung gekommen ist. Thomas Mann ist heute selbst vor Kafka und allen anderen, einschließlich Goethe, der gelesenste, populärste Klassiker. Und die Welten, aus denen er schöpfte, mit denen er sich produktiv auseinander setzte, bleiben durch ihn präsent: Goethe und Schiller ohnehin, Wagner, die deutsche Musik bis Schönberg, Schopenhauer und Nietzsche, dazu ein beträchtlicher Kanon von Erzählliteratur des neunzehnten Jahrhunderts mit Schwerpunkten bei Tolstoi, Tschechow und Fontane.

Ihre Grenzen findet diese Bildung vor allem in der Vergangenheit: Erstaunlich gering ist der Anteil der hellenisch-römischen Antike; die Bibel kommt in Gestalt des Lutherdeutschen und eines strahlend ausgemalten Ägypten zur Anschauung. In der Kunst: fast nur Michelangelo. Thomas Manns Mittelalter bleibt parodistisch, teppichhaft; Indisches und Amerikanisches bei ihm ist kaum der Rede wert. Das ist, alles zusammengenommen, immer noch sehr viel, aber in ihren Umrissen bezeichnet die Thomas-Mannsche Bildungswelt doch eine unübersehbare Verschiebung weg von der Vorläufertradition, dem Humboldt-Schleiermacherschen Modell. Es ist, böse gesagt, die Bildung eines aufgeweckten Schulabbrechers von 1890, der weder Griechisch noch Mathematik liebte, und der sich lieber mit dekadenten Romanen und verruchten Philosophen befasste als mit den Teubner-Schulausgaben. Dazu kam eine lebenslängliche zeitgenössische Aufmerksamkeit, die intensiv, aber selektiv war: Spengler, Freud und Adorno beeindruckten Thomas Mann, während Heidegger fast spurlos an ihm vorüberging. Musil und Proust bleiben schattenhaft, und so sind sie auch in der heutigen Bildung nicht ins Zentrum gerückt, sondern allerhöchstens Spezialwissen für begeisterte Insider geblieben.

Der Unterschied ist: Auf Thomas Mann kann man in einer Runde von Ärzten und Steuerberatern anspielen, auf Musil nicht. Thomas Mann ist, nicht zuletzt durch seine posthum edierten Tagebücher und die nur auf dieser Grundlage mögliche Verfilmung seiner Lebensgeschichte, zum wichtigsten hochkulturellen Bestandteil des Pop geworden. Seine kranke Familie mit ihren Selbstmördern und Drogensüchtigen ist ein Spiegel von Bürgerlichkeit, die alles Stehkragenhafte verloren hat und die doch bezwingend weltläufig und altständisch elegant erscheint. Mit Thomas Manns Leben kommt zudem die deutsche Geschichtskatastrophe mit ins Bild, in einer hinreichend gewissenhaften und zugleich beeindruckend flackernden Weise: Von Thomas Mann stammen die bis heute wirksamsten Formeln aller Vergangenheitsbewältigung, der Bruder Hitler und jenes Deutschland, dem sein Bestes zum Fürchterlichsten ausschlug. Der bürgerlich-nationale Zug der früheren deutschen Bildung lebt so bei Thomas Mann in hinreißender Gebrochenheit fort.

Von Thomas Mann zehren wir in einer Weise, dass man sagen muss: Er ist der eigentliche Erneuerer und Weiterträger der klassischen deutschen Bildung im zwanzigsten Jahrhundert geworden. Es gelang ihm so, wohl fast absichtslos, wenn nicht sogar contre coeur, jene Rolle zu übernehmen, die sich Hofmannsthal und Borchardt gern erzwungen hätten. Und ein Blick auf ihre Werke (man nehme noch die Übersetzungen Rudolf Alexander Schröders hinzu) macht auch die Kanonverschiebung, welche die Thomas-Mann-Bildung bedeutet, wie in einer Gegenprobe sichtbar. Bildungssoziologisch bedeutet der Thomas-Mann-Kosmos die entschiedene Abkopplung vom Akademischen in Ethos und Inhalt. Wenn man bedenkt, welche Bedeutung einmal diese Universität und die von ihr genährte Gelehrtenprosa mit ihrer Feinheit, Nüchternheit und Innigkeit besaß – bis in die Tage Nietzsches und des deutschen Späthistorismus –, dann ermisst man den Bruch in der deutschen Bildungssprache. Dass dieser Bruch auch von der Universität selbst ausging – nicht erst seit der Bildungsreform, sondern schon durch die seit Heidegger sich vermehrenden Ideolekte der Wissenschaften –, steht auf einem anderen Blatt.

Die Thomas-Mann-Bildung ist in ihrem unakademischen Zuschnitt, ihrer disziplinären Laxheit, ihrer Offenheit für zeitgenössische Erregungen eine dem Feuilleton sehr entgegenkommende geistige Formation. Nicht zuletzt Thomas Manns Neigung zu übersichtlichen Dichotomien – Bürger/Künstler, Norden/Süden, Politik/Musik etc. – geben den Zeitungsschreibern eine Methode an die Hand, mit der sich Denken im Notfall der eiligen Produktion auch simulieren lässt und die mit beliebigen Begriffen aktualisierbar ist. Der Schulabbrecher lieferte dem Beruf jener, die ihren Beruf verfehlt haben, die schönsten Passepartouts.

Was bedeutet diese Diagnose, wenn sie denn zutrifft, für die Zukunft? Bildungsbürgerlichkeit in Deutschland gleicht einem Flugzeug, das seit langem weiterfliegt, obwohl seine Triebwerke seit geraumer Zeit ausgefallen sind. Der Absturz könnte schnell kommen, jedenfalls vor Thomas Manns hundertstem Todestag. Anders, und mit einem in unseren Kreisen vor zehn Jahren beliebten Spruch gesagt: Das Feuilleton lebt von Grundlagen, die es nicht garantieren kann.

Diskussion

Jürgen Kaube: Der Kanon ist doch eine recht zweifelhafte Kategorie, insofern er dazu neigt, einfach da sein und auf eine Begründung verzichten zu wollen. Sehr scharf wird dann getrennt, zwischen denen, für die dieser Kanon gilt, und solchen, für die er nicht gilt, für Steuerberater und Zahnärzte zum Beispiel. So schnell möchte ich aber die Steuerberater und Zahnärzte nicht verloren geben.

Moritz Bassler: Selbstverständlich müssen wir die Frage beantworten, was eine Rezension des »Rigoletto« mit kritischer Öffentlichkeit zu tun hat: Da geht es um Probleme des Verhältnisses zwischen den Geschlechtern, da geht es um Dominanz und Unterwerfung, um Aspekte dessen, was sich zu einer gewissen Zeit öffentlich repräsentieren lässt – kurz: Man erfährt dadurch, was und warum etwas auf der kulturellen Agenda steht. Und bei einer guten Rezension muss es darum gehen, solche Dinge herauszuarbeiten. Jetzt könnte es aber sein, dass ausgerechnet diese Inszenierung des »Rigoletto« für die Beantwortung solcher Fragen untauglich ist, dass sie das nicht hergibt. Dann hätte man eben über andere ästhetische Ereignisse zu schreiben, mit denen man eher im Sinne dieser kritischen Öffentlichkeit arbeiten kann: die Bierreklame zum Beispiel, das Rammstein-Video, die »Harald-Schmidt-Show« oder den »Tatort« oder vielleicht auch die Rückkehr der silbenzählenden Lyrik. Das Gemeinsame liegt also nicht in einem Fundus, auf den man zurückgreifen muss, sondern in seiner Bedeutung für unsere Öffentlichkeit.

Tilmann Krause: Was ist damit gewonnen, wenn wir auch noch Thomas Mann auf einen aufgeweckten Schulabbrecher reduzieren? Im Hinblick auf den Zynismus des Feuilletons, der ja doch auch ein jüngeres Publikum umzutreiben scheint, erlaube ich mir die Frage, ob wir uns in den gegenwärtigen Umständen einen solchen subtilen Zynismus überhaupt leisten können. Die Sehnsucht nach der Emphase treibt mich um, und je länger ich darüber nachdenke, desto stärker wird sie. Ich glaube, wir befinden uns an einem Punkt in der Geschichte des Feuilletons, in der die ironisch gehobene Braue zum Zeichen eines Leerlaufs geworden ist.

Martin Bauer: Der amerikanische Philosoph Donald Davidson hat die These aufgestellt, dass wir sehr viele Sätze schon für wahr halten müssen, um uns überhaupt gegenseitig verstehen zu können. Nun hat Gustav Seibt dargelegt, wie wenige Sätze wir tatsächlich als allgemein für wahr gehaltene voraussetzen dürfen und welche Verständigungsprobleme sich daraus notwendigerweise ergeben. Jürgen Kaube scheint dieser Beschreibung der Verhältnisse zuzustimmen und fügt hinzu, dass wir deswegen gerade solche Sätze, die wir nicht verstehen, unter verschärften Begründungsdruck bringen müssen. Wenn das ganz im Sinne einer von Kaube anvisierten kritischen Öffentlichkeit funktionieren soll, dann werden allerdings auch jene Sätze für begründungspflichtig erklärt, die man eigentlich für wahr halten müsste, um eben jene Begründungsleistung zu erbringen. Ich glaube also, dass es zu unserem Begriff von Kultur gehört, eine ganze Reihe von Behauptungen und Beschreibungen einfach deshalb für wichtig zu halten, weil es sie gibt, weil wir sie unter bestimmten Voraussetzungen gelesen, gehört, zur Kenntnis genommen und für bedeutsam erachtet haben. Und folglich zweifle ich daran, dass man das Problem intrakultureller Verständigung löst, indem man für alles eine Begründung haben will. Kulturkritik nach diesem Verständnis mündet – überspitzt formuliert – gewissermaßen in einer bolschewistischen Attacke auf den Kulturbegriff.

Jürgen Kaube: Man kann nicht alles, und man kann schon gar nicht alles zur gleichen Zeit begründen. Allein, weil die Kultur zu träge und zu fest ist. Dennoch habe ich den Eindruck, dass wir zu viel voraussetzen, auch dass wir zu viel setzen und Begründung durch Emphase ersetzen. Wenn die Emphase funktionieren würde, dann ließe ich sie mir gern gefallen. Aber ich glaube eben, dass sie nicht oder nicht mehr funktioniert.

Gustav Seibt: Es gibt ernst zu nehmende Historiker, die erläutern können, wie die humanistische Bildung nicht erst im zwanzigsten Jahrhundert zugrunde ging, sondern schon im Kaiserreich, und zwar in dessen zentraler Bildungsinstanz, dem Gymnasium, das ja zunehmend auf die Industrialisierung und Verstädterung Deutschlands reagieren sollte – das Ende der Buddenbrooks, eben die Schilderung des Gymnasiums liefert ja ein Bild dieser von innen ausgehöhlten Bildungsinstanz. Es mag ja sein, dass wir uns heute in einer ähnlichen Situation befinden – nur werden wir mit einer gewollten Emphase keinen neuen Weg finden, gewollte Emphase ruiniert sie auch. Man kann nicht zu einem feuilletonistischen Heiratsschwindler werden.

Patrick Bahners: Zum Thema Emphase: Historisch betrachtet, zeichnen sich einige unserer noch heute bekanntesten Kollegen dadurch aus, dass sie sich mit einem gewissen Überschuss an Enthusiasmus, von Askese, von Verzicht, von Opfer – einem Überschuss, für den es in der Welt der Pfarrer und Professoren keinen Raum gegeben hatte – auf den freien Markt der Meinungen begaben. Es könnte durchaus sein, dass dieser Überschuss, der dann ja sogar ganze Werke beglaubigt, typisch ist für Produktionen des Kulturbetriebs. Wen lasen die Hagenströms? Wer war der Kritikerpapst der Philister? David Friedrich Strauß, ein Märtyrer der Wahrheit. Das Leben bürgt für das Werk. Das gilt im Übrigen für die Wahrnehmung Thomas Manns nach dem Film von Heinrich Breloer ebenso wie für viele publizistische Karrieren aus den achtziger und neunziger Jahren, vor allem bei Intellektuellen aus dem europäischen Osten. Die Wahrheit, für die Strauß als Glaubenszeuge einstand, war eine relativistische. Hier mag die wissenssoziologische Erklärung jener Mischung aus Standpunktlosigkeit und Meinungsfreude liegen, die die Chemnitzer Studenten am Feuilleton irritiert.

Karen Werner: Wir verstehen sehr wohl, dass sich der Zynismus des Feuilletons, also die forcierte Perspektive von innen, rechtfertigen lässt. Und doch ist es so, dass sich der Leser dafür nicht interessiert. Er hat nichts von Selbstbespiegelung und Binnenverständigung. Je mehr es um Information, je mehr es um Verständnis geht, desto weniger hat der Zynismus in einem Feuilleton verloren.

Georg Klein: Auch ich habe, wie hier so viele andere, den Beitrag der Chemnitzer Studenten als befreiend empfunden. Umso erstaunter bin ich, wie dieser Lichteinfall durch die nachfolgenden Beiträge und in der Diskussion jetzt wieder verdunkelt wird. Durch diese Veranstaltung geht ein Riss: Auf der einen Seite sitzen die, die drin sind und auch drinbleiben werden, auf der anderen Seite sitzen die Jungen. Diese Jungen schauen sich das an und überlegen sich, ob sie überhaupt dort hinein wollen, wo die anderen sind. Und sie fragen sich auch, ob sie teilnehmen wollen an dem kulturellen Feld, das in unseren Feuilletons geschaffen wird. Warum wird dieser Riss so eilfertig zugeschüttet?

Jürgen Kaube: Ich glaube nicht, dass dieser Vorwurf trifft. Wir haben von einer Zeit gesprochen, in der Bildung unselbstverständlich wird, und wir haben auch davon gesprochen, dass Feuilletonisten einen Anteil daran haben, weil sie zu wenig argumentieren – und das haben auch die Studenten aus Chemnitz getan, indem sie an zwei Texten nachwiesen, wie diffus oder nicht mehr rekonstruierbar darin argumentiert wird. Ich kann nicht erkennen, was das mit Behaglichkeit oder Selbstzufriedenheit zu tun haben soll.

Burkhard Müller: Die so ungewöhnliche Leistung der Chemnitzer Studenten besteht doch darin, dass sie sich das Feuilleton an einem beliebigen Tag genommen und gefragt haben: Was funktioniert hier nicht. Es erstaunt mich, dass ihr Vortrag so lange nicht als der ungeheure Angriff verstanden worden ist, der er ist: Über eine Schlange, die an der eigenen Wurzel nagt, kann man sprechen, ohne sich deswegen über den Kanon oder den Verfall der Bildung verständigen zu müssen. Dass hier etwas nicht stimmt, ist doch offenbar.

Heinrich Detering: Ich kann die Radikalität dieses Angriffs nicht erkennen. Uns ist auf sehr überzeugende Weise dargelegt worden, was ein schlechtes Feuilleton ist. Keineswegs scheint mir dadurch das Feuilleton schlechthin angegriffen worden zu sein. Dafür gibt es in allen Feuilletons, die ich kenne, die Einrichtung der Blattkritik, und es würde meiner Wahrnehmung sehr widersprechen, wenn behauptet würde, das schlechte Feuilleton habe im Laufe der Zeit immer mehr zugenommen und sei jetzt dominant.

Stephan Speicher: Das Problem in der Argumentation der Chemnitzer Studenten besteht doch darin, dass wir uns jederzeit über das Verfehlte eines Textes einigen, nicht aber beweisen können, dass dieser Text in seinen Mängeln repräsentativ ist. Ich kann mich gut an den Film erinnern, der hier zur Debatte stand, eben an »Swimmingpool«, und ich kann mich auch gut daran erinnern, wie ich mich darüber gefreut habe, nicht über diesen Film schreiben zu müssen. Denn der Film war zwar nicht gut, aber er war schwierig zu rezensieren. Denn wie sehr ein ästhetischer Gegenstand zu kritisieren ist, hängt nicht unbedingt mit seiner Qualität zusammen. Es könnte also sein, dass dieser Text eher Ausdruck einer Verlegenheit denn eines Zynismus war.

Gleichzeitig muss man aber sagen, dass die Welt der Künste grundsätzlich etwas sehr Zynisches ist, was sich den Kritikern irgendwann mitteilt. Wenn Sie nur daran denken, mit welcher Unverfrorenheit und Kälte eine beliebige Operninszenierung als revolutionär angepriesen wird und doch schon am Abend ihrer Premiere restlos erschöpft und aufgebraucht ist. Wenn Sie daran denken, mit welcher Dreistigkeit berühmte Regisseure die Rollen so besetzen, dass das Konzept nicht einmal in der Premierenbesetzung aufgehen kann und schon gar nicht in der 72. Aufführung – dann muss man auch von der Welt der Künste sprechen, von ihrer Unwahrhaftigkeit, von ihrem Zynismus.

Oliver Jahn: Es ist bemerkenswert, dass auf den Vorwurf der Studenten aus Chemnitz, das Feuilleton sei zynisch, lediglich zur Antwort gegeben wird, der Zynismus der Welt sei so groß, dass er mitunter auf das Feuilleton abfärbe. Das ist in meinen Augen eine Bankrotterklärung des Feuilletons.

Stephan Speicher: Die Frage lautet ja nicht, ob wir die Dinge so lieben, wie sie es verdienen. Die Frage lautet vielmehr, ob die Dinge so behandelt werden, wie sie es verdienen. Wenn etwa eine Inszenierung der Berliner Staatsoper durch den Intendanten, eine aufwendige Inszenierung, für die viel Geld ausgegeben wird, so lieblos gemacht wird, dass die männliche Hauptrolle auf einer leeren Bühne untergeht – wenn das so gemacht wird, und wenn das alle sehen und sehen das immer wieder, und sie hören sich die lustlosen Reden an, dann können Sie natürlich sagen: Wir kapitulieren. Wenn Sie aber auf diesen Sachverhalt reagieren, dann können Sie das nur tun, wenn Sie naiv sind. Wenn Sie von der Kunst etwas erwarten, und das gehört ja zu den

Aufgaben des Feuilletons, dann werden Sie von einem wilden Hass auf diese Schlamperei gepackt. Ich will damit nicht den einzelnen zynischen Artikel verteidigen, ich will damit nur sagen: Wir sind Teil einer Welt.

Die Teilnehmer

Patrick Bahners, geboren 1967, Ressortleiter Feuilleton der »Frankfurter Allgemeinen Zeitung«.

Moritz Baßler, geboren 1962, Hochschullehrer an der International University Bremen.

Martin Bauer, geboren 1956, Redakteur der Zeitschrift »Mittelweg 36« in Hamburg.

Andreas Blödorn, geboren 1972, Wissenschaftlicher Assistent an der Bergischen Universität Wuppertal.

Heinz Bude, geboren 1954, Hochschullehrer an der Universität Kassel.

Thierry Chervel, geboren 1957, Herausgeber des Internetdienstes »Perlentaucher«.

Dietmar Dath, geboren 1970, Redakteur im Feuilleton der »Frankfurter Allgemeinen Zeitung«.

Heinrich Detering, geboren 1959, Hochschullehrer an der Christian-Albrechts-Universität Kiel.

Rainer Erlinger, geboren 1965, Arzt, Rechtsanwalt und Publizist.

Alexander Friedrich, geboren 1979, Hilfswissenschaftlicher Mitarbeiter an der Technischen Universität Chemnitz.

Jan Friedrich, geboren 1976, Student an der Technischen Universität Chemnitz.

Eckhard Fuhr, geboren 1954, Ressortleiter Feuilleton der »Welt« und der »Berliner Morgenpost«.

Michael Hagner, geboren 1960, Hochschullehrer an der ETH Zürich.

Ina Hartwig, geboren 1963, Literaturredakteurin der »Frankfurter Rundschau« und Herausgeberin des »Kursbuch«.

Harald Jähner, geboren 1953, Redakteur im Feuilleton der »Berliner Zeitung«.

Jens Jessen, geboren 1955, Ressortleiter Feuilleton der »Zeit«.

Nils Kasper, geboren 1981, Student an der Technischen Universität Chemnitz.
Jürgen Kaube, geboren 1962, Redakteur im Feuilleton der »Frankfurter Allgemeinen Zeitung«.
Georg Klein, geboren 1953, Schriftsteller.
Tilman Krause, geboren 1959, leitender Literaturredakteur im Feuilleton der »Welt«.
Daniela Langer, geboren 1972, Wissenschaftliche Assistentin an der Christian-Albrechts-Universität Kiel.
Sibylle Lewitscharoff, geboren 1954, Schriftstellerin.
Ursula März, geboren 1957, freie Mitarbeiterin der »Frankfurter Rundschau« und der »Zeit«.
Martin Mosebach, geboren 1951, Schriftsteller.
Burkhard Müller, geboren 1959, Dozent an der Technischen Universität Chemnitz und freier Mitarbeiter der »Süddeutschen Zeitung«.
Lothar Müller, geboren 1954, Literaturredakteur der »Süddeutschen Zeitung«.
Johan Schloemann, geboren 1971, PR-Berater und ehemaliger Feuilletonredakteur der »Frankfurter Allgemeinen Zeitung«.
Johannes Schneider, geboren 1981, Student an der Technischen Universität Chemnitz.
Wolfram Schütte, geboren 1939, von 1967 bis 1999 Feuilletonredakteur der »Frankfurter Rundschau«.
Gustav Seibt, geboren 1959, freier Mitarbeiter der »Süddeutschen Zeitung«.
Stephan Speicher, geboren 1955, freier Mitarbeiter der »Berliner Zeitung«.
Thomas Steinfeld, geboren 1954, Ressortleiter Literatur im Feuilleton der »Süddeutschen Zeitung«.
Hortensia Völckers, geboren 1957, Künstlerische Direktorin der Kulturstiftung des Bundes in Halle.
Karen Werner, geboren 1981, Studentin an der Technischen Universität Chemnitz.
Feridun Zaimoglu, geboren 1964, Schriftsteller.